成功，就這一句話

【暢銷改版】

戴晨志——著

自序

生和死，由上帝決定；活得精不精采，自己決定

戴晨志

二○一一年的暑假，我帶兒子、女兒，全家到美國明尼蘇達州、南達科他州、伊利諾州，和威斯康辛州旅行兩個星期。

到明尼蘇達州，是因為飛機降落在首府明尼阿波里斯的機場；這個雙子城，有全世界最大的購物中心（Shopping mall），購物中心大到裡頭還有多項雲霄飛車等遊樂園，可以讓孩子盡情地玩樂。

而南達科他州，是沒什麼大城市的一州，但它最特別的景點，是有個「拉希摩爾山國家公園」（Mountain Rushmore National Memorial）；這個國家

公園內的高聳山壁中，雕刻著四座美國總統的雕像，包括了——代表開創的國父華盛頓、草擬獨立宣言的傑弗遜、解放黑奴的林肯，以及讓美國經濟轉趨蓬勃的老羅斯福總統。這個國家公園，每年都吸引百萬名遊客前往旅遊。

而芝加哥，則是一個人人皆知的大城市，市區裡有無數的摩天大樓，也有世界知名的博物館、水族館、動物園、棒球場……想玩得盡興，非得花個三、四天不可。

可是，為什麼要到威斯康辛州呢？老實說，那裡並沒有許多知名的景點，只是，我年輕時曾在該州的第一大城「米爾瓦基市」（Milwaukee）唸過書，拿了碩士學位。趁這次旅行，我在畢業多年之後，首次回到母校巡禮。

算一算，那已經是二十五年前的往事了。

我剛當兵退伍時，想當播音員，但考了中廣、警廣、正聲公司都沒被錄取。我很低潮、很挫折，每天都靜靜地在台大圖書館唸書、K英文，想考托

◂◂拉希摩爾山國家公園的四座巨大總統雕像。

福，到美國留學、唸研究所；奈何，托福一直考不過五百分最低標準，直到第八次，才考五百一十分，低空飛過，一圓出國留學夢。

當時，我申請了美國十所大學，但只有兩所大學接受我的申請；一所是波士頓的學校，但學費、生活費太貴，所以放棄了。另一所，是米爾瓦基市的Manquette University（馬凱大學），它接受了我，所以我就選擇了這所天主教大學，到那兒去唸研究所。

考了八次托福，是一件多麼令人沮喪、挫敗的事；

但，美夢成真，更是一件讓人歡喜、雀躍、興奮不已的事！

所以，**「跨過了挫折，成功就在那頭等**

著你！」不是嗎？

我記得很清楚，一九八六年的元月六日，我一個人拎著兩大箱行李，搭乘聯合航空班機，從台北經日本東京，到了美國芝加哥。一到芝加哥，外面下著茫茫白雪。我們住在亞熱帶，一輩子都沒看過雪，第一次看見，就是白靄靄的大雪……。後來，我又轉乘小型飛機，到了米爾瓦基市，在那兒，開始了自己夢寐以求的留學生涯。

開學了，雪不停地下著，地上全是積雪，但是，自己要找房子租住、要去註冊、要找指導教授、要拜託其他有車子的老中同學，載我去買一星期的菜……而且，外面零下的低溫，出門上課，都是全身裹著套頭大雪衣，快跑去學校上課。

上課時，聽不懂，要主動找女同學借筆記；考試不清楚，要主動找系上助教幫忙，甚至尋求以往考古題的可能性；上課時，英語不夠好，不敢發問，只好下課時趕快主動請教老師……

當時，我深怕自己三專的學歷，想直攻研究所，一定會被指導教授要求補修許多學分；可是，一學期下來，指導教授看了我的成績表現，都是A或A，也算很不錯，所以他跟我說：「Charles，你表現不錯，不用再補修學分了，你就直接唸研究所吧！我有一些權限和經費，還可以給你減免學費，你繼續加油！」

哇，那是我到米爾瓦基市留學唸書以來，最開心的一天。我竟可以不用補修大學學分，而直接唸研究所。

而在往後的日子裡，冬天過去了，春天來臨了，炎夏也到了……我前往芝加哥一遊，也到紐約一遊。秋天，全校園的樹，都變黃、變紅；冬天，全部樹葉又都掉得光禿禿的，也下起了大雪；我又裹著厚重的套頭雪衣，跑步上學、認真唸書……我知道，我沒有錢，我必須趕緊畢業，回台灣找工作；

這裡，米爾瓦基市，嚴冬太酷冷了，我還是要回到我溫暖熟悉的台灣。

就這樣，一年後，我拿到了碩士學位，揮別了米爾瓦基市回到台灣；雖然沒考上台視，但後來，被錄取進了華視新聞部，當起了電視記者，也改變了我一生的命運。

「生和死的方式，都是由上帝決定；但，活的方式，由自己決定。」

我們何時生、何時死，都是由上帝決定，我們無法改變；但是，我們要怎麼活，活得精不精采，卻是我們可以自己決定。

當我和孩子在芝加哥動物園時，在斑馬

▲▲動物園內的英文圖文說明。

區看到了一幅圖文說明，上面寫著「Personal Identity — Each zebra has a unique stripe pattern, like a person's fingerprint.」（每隻斑馬身上的條紋都是獨一無二的，就像人的指紋一樣。）

這句話，給我一些啟發——**「我們每個人，在這世界上都是獨一無二的，我們都要努力讓自己活出最精采的生命——一個獨特、且不平凡的自己。」**

客家人有句諺語說：**「便宜莫貪，浪蕩莫沾！」**

我們都要靠著積極進取、腳踏實地、實事求是的精神，讓自己成為獨特、不凡的自己；因為——

▲▲斑馬身上的條紋，都是全世界獨一無二的。

「天道酬勤，絕不酬懶！」

「苦難就是機會，挫折就是磨練。」

「生命是一畝田，必須辛勤播種，揮汗耕耘，才會有金黃稻禾纍纍的一天。」

CONTENTS

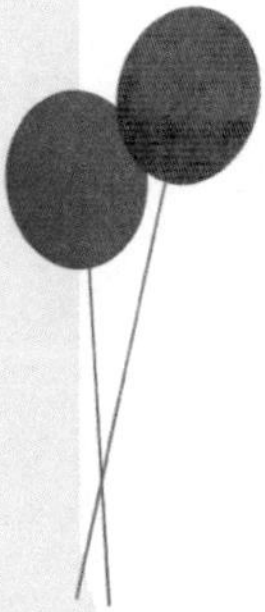

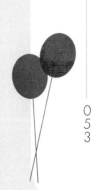

Part 2 小成就，常是大成功的起步

CONTENTS

Part 3 大富由天，小富由勤

Part 4 要為成功找方法，不為失敗找藉口

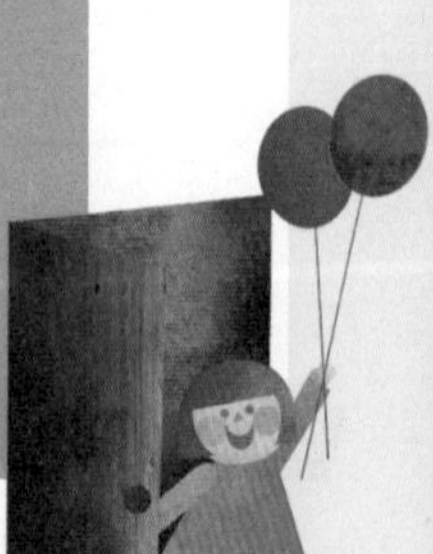

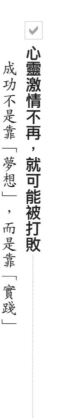

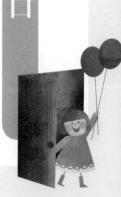

Part 5 小處常改善，事事才會讚

Part 1

爬出暗谷，尋找陽光

- 不要小看自己，你有無限的可能
- 想成功，就要勇敢冒險
- 人要懂得爬出暗谷，尋找陽光
- 成功的最大秘訣在於「堅忍」
- 上帝給我一項困難，也必會給我一份智慧
- 暗自傷心， 不如立即行動

今日的哀傷，絕不損及明日的歡欣

不要小看自己，你有無限的可能

沒有任何人能放棄我們，
只有自己會放棄自己；
只要我們「自立自強」、「人窮志不窮」，
必有苦盡甘來、揚眉吐氣的一天！

曾經看過一則故事——瑪麗安是個國小五年級的老師，她的班上來了一位名叫迪克的轉學生。

瑪麗安老師第一眼，就很不喜歡迪克，因為他衣服骯髒、頭髮長長，身上還有一股臭味。而功課，也是落後一大段，每次批改迪克的作業，心裡就有點惱怒——「怎麼這麼笨，塗塗改改、寫得亂七八糟！」所以瑪麗安老師就用大紅的筆，在迪克寫錯的地方，一圈又一圈地畫著。

當然，瑪麗安老師未曾明說她對迪克的憎惡與討厭，她只是不斷地在作業簿上畫著紅色的大圈圈，也常在發作業簿時，聽到其他同學對迪克的嘲笑與鄙視。

小迪克實在不知道老師為什麼不喜歡他？事實上，老師也不曾找過他談話，更不曾到他家做過家庭訪問。

一晃眼，耶誕節到了，按照習俗，每個小朋友都會準備一份耶誕節禮物給老師。那天，是耶誕節放假前的最後一堂課，小朋友都將包裹好的禮物放在教室裡的耶誕樹下，等待老師打開。瑪麗安老師是「善解人意」的，她每打開一份精美漂亮的禮物時，臉上就露出驚訝、興奮的表情，班上小朋友的尖叫聲，也不斷伴隨著。

最後，小迪克的禮物，是用普通裝三明治的褐色盒子包起來的，外表的包裝，一看就很粗俗、簡陋，上面還寫著「迪克送給瑪麗安老師的禮物」字樣。當老師拿起這禮物時，全班都靜默無聲，專注地看著老師打開，裡面是什麼禮物？……盒子一打開，裡頭有兩樣東西掉落桌上——一個是缺了幾顆小鑽石的「人造水晶鑽石手鐲」，另一個，像是在廉價商店裡買的「只剩半瓶的香水」。

此時，小朋友傳來一陣訕笑聲……

瑪麗安老師很是失望，但她沒有勇氣看著小迪克，只是順手地將手鐲戴上，也擠出一、兩滴香水，故意大方地擦在耳後……

沒多久，下課鈴響了，小朋友們急著回家度耶誕假期，「明年見囉！」

當所有小朋友都離開教室時，小迪克畏畏縮縮地走到老師旁邊，輕輕地說：「老師，妳身上的香水味，好香，就像我媽媽生前的味道一樣……而她

Motto
成功佳言

沒有任何人能放棄我們，只有自己會放棄自己。

的手鐲，戴在妳手上，真的好漂亮，我好高興妳會喜歡它！」說完，一溜煙，就飛奔出教室。

瑪麗安老師聽了，愣傻了眼，半天說不出話來；她，坐了下來，也痛哭了一場──在過去的日子，她竟然在無意間，剝奪了一個沒有母親的小孩應有的關心與照顧。

耶誕節後，瑪麗安老師為了彌補良心上的虧欠，就在每天放學後，幫小迪克補習功課。

七年後，瑪麗安老師收到迪克的第一封信，寫著：「親愛的老師，妳是第一個知道，我將在下個月以第二名成績從高中畢業的人……」

再過四年，迪克又給瑪麗安老師寫第二封信：「親愛的老師，我希望讓您第一個知道，我將以班上總成績第一名畢業；四年大學不容易唸，但，我還是唸完……」

Motto
成功佳言

只要我們「自立自強、人窮志不窮」，必有苦盡甘來、揚眉吐氣的一天。

時間飛逝，不久後，迪克又來了第三封信：「親愛的老師，從今天開始，我就是『迪克醫生』了。我將在七月二十七日結婚，我想請您來參加婚禮，坐在我母親該坐的地方。我已經沒有親人了，我父親在去年已離世……

您的學生迪克敬上」

瑪麗安老師手上拿著信，不禁顫抖、不能言語；她提起筆，寫了回信：「親愛的迪克，恭喜你，你終於成功了！你的成功，完全是靠你自己的努力，儘管你的身邊有無數像我一樣未曾真心關照你的人，但你還是成功了；這成功的一天，是屬於你的！願上帝祝福你！當教堂的鐘聲響起時，我會按時前往參加你的婚禮。

瑪麗安老師上」

看到這篇故事時，我心中一陣悸動！

▲▲ 我要勇敢向前邁進，找到希望的所在。

我們生命中，不一定每個人都會有父母、親友、師長悉心關照我們，有些人甚至會嘲笑我們、歧視我們，但是，**「沒有任何人能放棄我們，只有自己會放棄自己」；只要我們「自立自強」、「人窮志不窮」，必有苦盡甘來、揚眉吐氣的一天。**

的確，**「跨出去的腳步，大小不重要，重要的是方向。」**只要我們找到自己的精神與方向，堅持己志、不畏揶揄與嘲諷，勇敢往前邁進，必能像小迪克一樣，有大大成功的一天。

成功座右銘

「挫折時，要像大樹一樣，被砍了，還能再長；也要像雜草一樣，雖讓人踐踏，但還能勇敢地活下去！」

人生中的打擊、嘲笑、鄙視都是難免，但生命力堅強的人，任憑他人如何踐踏，卻還能勇敢活下去；被砍，還要再長出來，這才可敬可佩啊！如果

Motto
成功佳言

跨出去的腳步，大小不重要，重要的是方向。

一被嘲笑、輕視，就痛苦萬分而一蹶不起，則其生命力豈不比雜草還脆弱？

「好的一切，不代表會成功；壞的開始，不代表是失敗。」

有人一出生，就含著金湯匙，可是，那又怎麼樣呢？若不努力，就不一定會成功啊！相反地，有些人家境貧窮、父母已不在，一切都是如此歹命、不幸；可是，壞的開始，絕不代表失敗，「今天的哀傷，也絕不會損及明日的歡欣」；只要努力，壞的開始，也一定會有成功的歡愉。

「不要小看自己，每個人都有無限可能！」

或許，我們曾是放牛班、曾考不上高中、大學；

或許，我們外表不漂亮、不英俊，甚至其貌不揚；

或許，我們口齒不清、詞不達意、羞於溝通……

但，絕不要小看自己，我們都一定有自己的優點與長處，只要我們「肯定自己、超越障礙」，我們都會有無限可能。

Motto
成功佳言

只要肯努力，今天的哀傷，
絕不會損及明日的歡欣。

心念有多大，世界就有多大

想成功，就要勇敢冒險

人，不能看破，要勇於突破。

看破，什麼都沒有了；

突破，才能創造契機，

也才能改變自己的命運。

古時候，在一處山脈中住有兩個部落。

一天，山上的部落大舉入侵山下的部落，掠奪財產，也綁走了一個「小男嬰」做為戰利品。

小男嬰被擄走了，怎麼辦呢？住在山下部落的族人從來沒有攀爬到高山上；而且，岩石又高又陡、非常險峻，怎麼可能派族人攻上山頂、搶回小男嬰、討回公道？

儘管如此，山下部落的長老還是決定，挑選該部落中最壯的勇士們，攜帶攀爬的工具、登上山頂，試圖找回被擄的小男嬰。

勇士們出發後，用盡各種方法往上爬、努力攻頂；可是，爬了兩、三天，卻只爬了幾百公尺而已。

正當這些勇士們垂頭喪氣、失望地想放棄拯救小男嬰的任務時，只見小男嬰的母親，蓬頭散髮、衣服扯裂、滿身傷痕地抱著小男嬰，從山脊上慢慢走下來。

這母親，臉上滿是淚水，也心疼地看著小男嬰，喃喃唸著：「我的小

baby，我可愛的孩子、不要怕，媽媽來帶你回去了……」

這時，其中一勇士很納悶，開口問小男嬰的母親：「這麼陡峭的高山，我們這群身強力壯的勇士都爬不上去了，妳怎麼有辦法爬上去呢？」

滿身傷痕、淚水直流的母親說：「因為……因為他不是你的嬰孩……他不是……你的小寶貝！」

的確，為了找尋自己的小嬰兒，再高的山、再陡的岩石，傷慟的母親即使全身被刮傷、衣服被荊棘扯破，她，依然奮不顧身地往上爬，直到找到「心疼不已的小寶貝」為止。

而我們，一生中除了有真正的小孩之外，是不是也有其他「目標和夢想」，是我們「心愛不已的小寶貝」，值得我們奮不顧身地去「追尋和實踐」呢？

事實上，我們的夢想，應該都是我們思思念念、朝思暮想的「小寶貝」，

Motto 成功佳言

心念有多大，世界就有多大。自信，舞台就是你的！

我們都不能放棄它、不能丟掉它，我們都一定要想盡辦法、克服難關，讓自己的夢想「美夢成真」啊！

在一場演講中，我曾詢問台下的一名聽眾：「如果不考慮經濟因素，你希望有什麼樣的人生、過什麼樣的生活？」

「我……我希望有一部賓士轎車、有一棟高級住宅、有很好的事業，也希望每年跟家人出國旅行三次……」這聽眾回答。

「假如，你繼續你目前的生活方式，」我再問道：「你認為，你剛才所說的夢想會達成嗎？」

「我……我想……不會！」這聽眾誠實地搖搖頭說。

「是的，假如『你不做任何改變』，也『不做突破性的努力』，你的生活將不會有任何變化，而你剛才說想要有車子、有房子、有事業、要出國……的人生目標，也絕對不會達成！」

Motto
成功佳言
✔

假如你不做任何改變，也不做突破性的努力，你的生活將不會有任何變化。

我曾在想，我是不是也安逸於某種生活方式？我會不會也被某些東西「絆住了、綁住了」，以至於生活數十年如一日，直到年老、退休，而靠著積蓄過日子，最後覺得人生「很沒價值、很消沉」？

人，不能看破，要勇於突破。看破，什麼都沒有了；突破，才能創造契機，改變自己的命運。

不久前，我應邀到某大學的大一新生訓練演講；在兩千多名大一學生的演講會後，十多位新鮮人自動、勇敢地舉手，也站到台上來，背出我在演講時所說的，印象最深刻的一句話——

「心念有多大，世界就有多大。」

「自信，舞台就是你的。」

「改變，就是要敢變。」

「吾心信其可行，則雖移山填海之難，終有成功之日；吾心信其不可行，則雖反掌折枝之易，亦無收效之期也。」

（國父孫中山先生語）

Motto
成功佳言

這個世界，
是屬於有行動、有勇氣的人。

成功座右銘

「成功是動詞，不是名詞。」

常聽別人說，「活動——想要活，就要動。」成功也是一樣，「想要成功，就必須有所行動！」假如只把成功當「名詞」，則我們很可能將它視為「束諸高閣的理想」；但假如我們把它視為「動詞」——一個積極實踐、劍及履及的行動，則成功自然會逐漸向我們靠近。

「成功需要走出溫室、勇敢冒險！」

我們的本性，常將我們留在舒舒服服的溫室裡，沒有風雨的侵襲，也沒有閃電、雷劈。可是，假若我們想創一番事業、想達到心中的目標，怎麼可以一直待在溫室裡？人必須抗拒溫室的誘惑呀！的確，減肥很難、考試很難、創業很難、突破很難……，世界上很多事都很難，但只要走出溫室、勇

Motto 成功佳言

人，不能看破，要勇於突破；你我，也要有突破性的努力！

敢冒險，我們就會有更多的機會邁向成功。

「缺乏勇氣，是撒旦的致命武器。」

撒旦曾奸笑地說：「當我不能用其他方法接近一個人時，我只要將『膽怯、懦弱』輸入他們的意識裡，我就可以為所欲為。你知道嗎，這招很管用，但幾乎沒有人知道這是我幹的好事，嘻！」看，撒旦是多麼奸詐、狡猾？我們必須洞悉他的伎倆，不能讓他的陰謀得逞。

脾氣要變成志氣，意氣要變成才氣

人要懂得
爬出暗谷，尋找陽光

人要堅持己志、樂觀進取，
不要被失敗所擊倒！
人，也不能「盲目的樂觀」，
而必須腳踏實地，
紮實地在土地上留下自己的足跡。

在美國有一婦女名叫愛麗絲．梅瑞爾，她三十歲，育有兩個孩子。生過孩子的婦女，身材走樣、稍微肥胖是常有的事情，可是，愛麗絲的體重，竟然重達一百五十二公斤。

有一次，喜愛音樂的愛麗絲去聽了一場辣妹的演唱會，可是後座的歌迷一直鼓譟，並向主辦單位抗議！因為後面的歌迷認為，前面這個女人太肥了、身體太龐大了，擋住了他們的視線，害他們看不到台上辣妹的表演。

這個抗議好像也言之成理，於是愛麗絲這個大胖妹，就被主辦單位請到「更前面」的座位就坐。

可是，當愛麗絲被請到更前面、視線更好的座位時，她心中沒有喜悅，反而眼淚掉了下來。

為什麼？因為前面的位子不是「貴賓座」，而是提供「殘障人士」的座椅；表面上，愛麗絲好像是坐到更好的座位，可是她卻心痛如刀割，因為她覺得受到了歧視和極大的屈辱。

回家之後，愛麗絲躲在房間裡大哭一頓；然而，擦乾眼淚之後，她也決

Motto
成功佳言

人必須「種下自己希望的種子」，努力克服困境、迎向亮麗陽光。

定加入「瘦身俱樂部」，發憤圖強，誓言一定要減肥成功！

在瘦身俱樂部有計劃地協助，並控制飲食、持續運動之下，愛麗絲花了兩年多的時間，終於減掉「一半的體重」。

天哪，她竟然減掉了「七十六公斤」，後來她只有七十多公斤。雖然，這樣的體重和一般女性比起來，仍稍嫌重了一些，但比起三年前的超大體型，她已經清瘦了許多。所以，瘦身俱樂部特別聘請她擔任「顧問」。

其實，愛麗絲是因為在聽演唱會時遭到屈辱和刺激，才激發她「誓言減肥」的決心；所以嘲笑她、屈辱她的那些歌迷，不都是她的「貴人」嗎？

真的，嘲笑我們、譏笑我們、瞧不起我們的人，雖然讓我們很憤怒、很生氣，但是，仔細一想，只要我們轉個念頭、做出亮麗成績，他們豈不都是

Motto
成功佳言
✔

脾氣要變成志氣，意氣要變成才氣，
怨氣要變成和氣，生氣要變成爭氣。

我們一生中難得的貴人？

要不是他們的「嘲諷、譏笑、瞧不起」，我們可能都還在原地踏步、猛吃猛喝、虛度光陰……

就像愛麗絲，要不是別人嘲笑她，讓她發憤圖強、下定決心瘦身，她到現在可能還都是「超級大胖女」呢！

所以，星雲大師在《菜根譚》中說：「**脾氣要變成志氣，意氣要變成才氣，怨氣要變成和氣，生氣要變成爭氣。**」

的確，一個人受到屈辱時，若只是一味地生氣，又有什麼用？人，就是要有志氣、要爭氣，而不是一直「洩氣、生悶氣、生怨氣」呀！

我們每個人都會有不同的煩惱，但在面對人生的大海時，「自己就是一個羅盤」，必須靠自己的智慧與行動來解決煩惱；因為，一個人暗自躲在角落哭泣、生氣，是沒有用的啊！

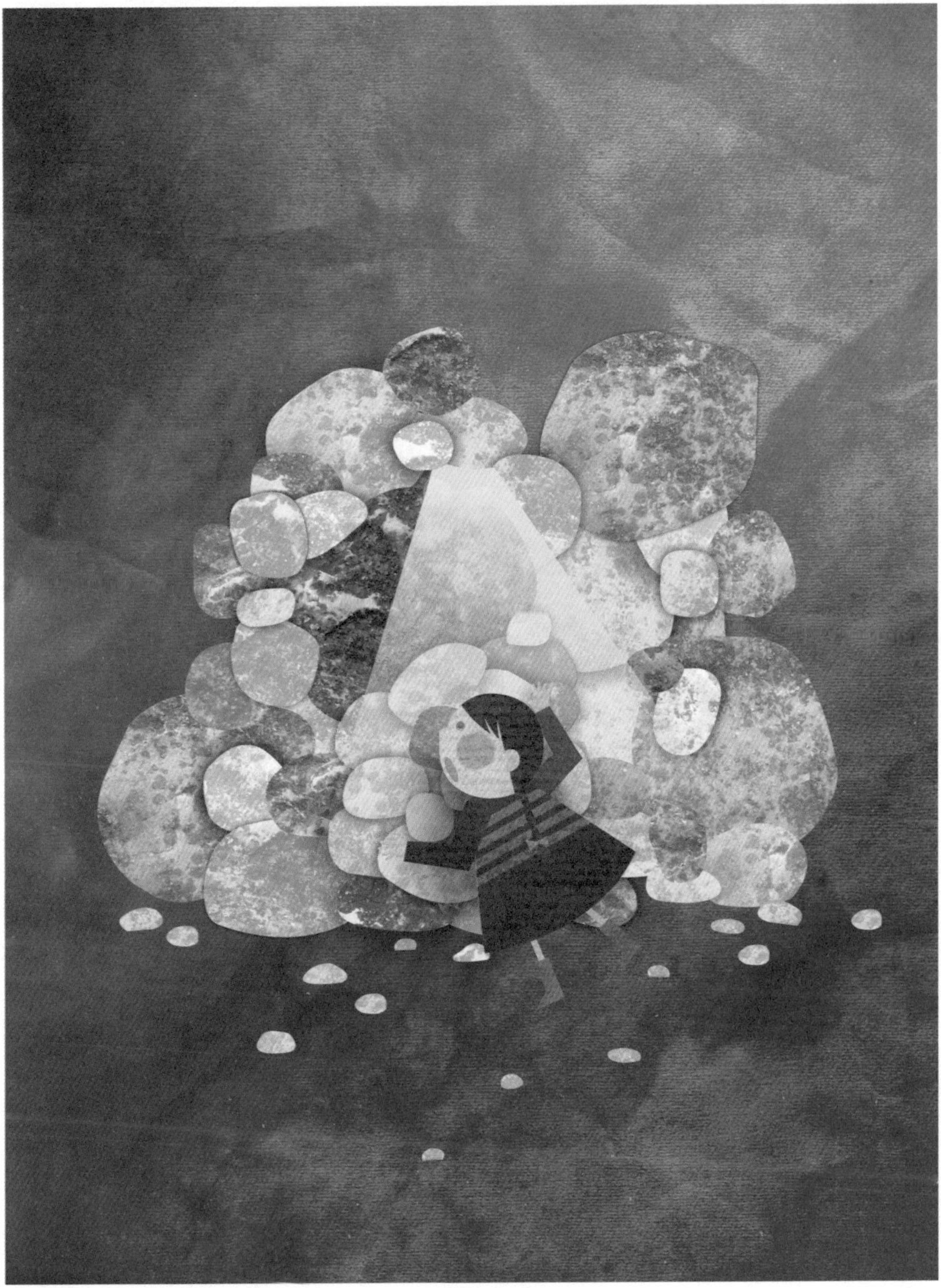

▲▲ 我才不要躲起來哭泣，要往前找到出口，跟太陽公公說哈囉！

成功座右銘

「我不能，是不為也，非不能也。」

我們都知道，「有志者事竟成」；可是，要做個「有志者」，的確很不容易，因為我們經常懈怠懶散、也常憐恤自己、體貼自己，所以有人說——「減肥？減肥有什麼難的？我都已經減肥好幾次了！」可是，還是減不了肥。所以，古人云：「我不能，是不為也，非不能也。」的確，有些事，不是我們做不到，只是我們沒有努力用心、持之以恆地去做而已。

「盲目的樂觀只是膚淺，盲目的悲觀只是毀滅。」

人要堅持己志、樂觀進取，不要被失敗所擊倒！同時，人也不能「盲目的樂觀」，而必須腳踏實地，紮實地在土地上留下自己的足跡。同樣地，「盲目的悲觀」也是極端，只看到自己的缺點與灰暗，而看不見美麗的前景。

Motto
成功佳言

任何的困難都有解決的方法，
一定要鼓起勇氣走過去、穿過去、或繞過去。

因此，人必須「種下自己希望的種子」，努力克服困境、迎向亮麗陽光。

人要懂得「爬出暗谷，尋找陽光」。

一位花蓮讀者林舒婷說，她母親在她最低潮時，曾告訴她一句話——「當人被推進不見天日的暗谷時，別人或許只會坐在黑暗裡哭泣，但是妳一定要不斷掙扎，直到爬出暗谷。」是的，人要懂得「爬出暗谷、尋找陽光」啊！在我們碰到困境與挫敗的難關時，一定要告訴自己——「任何的困難都有解決的方法，我一定要鼓起勇氣走過去、穿過去、或繞過去。」

Motto
成功佳言

暗自躲在角落哭泣、生氣是沒有用的，要用智慧與行動，來解決自己的煩惱。

除非想成為一流，否則就是二流

成功的最大秘訣在於「堅忍」

有些聰明的人，一經打擊，
就妄自菲薄、灰心喪氣，
以致無法成功；
所以，成功不在於「懂得多少」，
而是在於「做了多少」。

美國有一位盲人，名叫吉姆．史都瓦（Jim Stovall），他因患有「少年黃斑變性」，在十七歲時就被醫生診斷出視力將會逐漸喪失，終至失明。

後來，吉姆．史都瓦憑著毅力，進入歐若．羅伯特茲大學就讀，當時他只剩下一點視力而已。為了趕上老師上課進度，吉姆每天都必須熬夜到半夜三、四點；可是，這對只剩下一點視力、而且視力還快速流失中的吉姆來說，真是太痛苦了！所以吉姆在上了十天大學後，就決定放棄大學新鮮人的生活，他自動休學了。

在離開學校前，吉姆去看了上過兩次課的教授——哈洛德．保羅博士，告訴他「我要休學了」。當時，保羅博士對吉姆說：「**在你內心深處，還有無窮的潛力，有一天當你回首看時，你就會知道這絕對是真的。**」

休學後，吉姆到一家建築工地當工人，他負責鏟混凝土，因這是「剩下微弱視力」的他，唯一會做的事情。後來工地老闆與大學簽了一份棒球場修建合約，所以，吉姆又被派到原大學的棒球場，做鏟混凝土的工作。

兩三個月後，一個陰冷、刮著強風的冬晨，吉姆站在壕溝裡，用水桶不斷地將積水往外舀，因為等天氣轉晴，就可以開始將混凝土倒進壕溝內。

吉姆的手又濕又凍，可是他沒辦法，因所有工人中，他是最資淺的，而且，眼睛又快瞎了，這是他唯一能做的一件事。看著其他工人，都在工寮裡喝熱咖啡，等待混凝土車到達，而我，卻還要一個人舀壕溝裡的臭水——吉姆心中開始抱怨，也不禁悲從中來。

此時，工寮的門突然打開，一個老工人，像是被指派的，直直地向吉姆走來，說道：「我們剛才討論過了，我們希望你離開這裡！」

「啊？……為什麼？」吉姆錯愕地問：「我做錯什麼了嗎？……我在這裡非常努力工作，你們都知道的，我甚至比你們都還要努力。」

老工人說：「是的，我們都知道，你非常努力！」

「那……那為什麼還要我離開？」

「吉姆，我們是被困在這裡的人，我們沒有一技之長，也沒有地方可以

Motto
成功佳言 ✔

你的人生，
不應該只待在這地方而已……

去，所以只能待在這裡當苦力工人……」那老工人說道：「而你……你跟我們不一樣，如果你不離開，繼續待在這裡，有一天，你就會像我們這些老傢伙一樣，無路可去，只能當一輩子工人！我們都知道你曾經是大學生的事情，也希望你更有成就，所以我們決定，要你離開這裡——你的人生，不應該只待在這工地而已！」

老工人這一席話，深深地震撼著吉姆——**「是的，我的人生難道只有這樣嗎？我難道只能一輩子當鏟混凝土的工人嗎？」**

吉姆，心，被敲醒了！

在被重重一揹之後，吉姆回過神，也活了過來；他含著淚水，謝謝工寮裡的工人，也興奮地打電話給哈洛德．保羅博士：「我決定復學、我決定要重回學校唸書！」

後來，吉姆．史都瓦發憤圖強，也在女報讀員的幫助下，以「心理學」

Motto
成功佳言

成功不在於「懂得多少」，而在於「做了多少」。

和「社會學」雙學位，從歐若．羅伯特茲大學畢業，並獲得全校最高榮譽獎。而他的太太——莉斯朵，即是當年協助他完成課業的報讀員之一。

在二十九歲時，吉姆完全失明，但他因發明幫助視障朋友以新的方法「看」電視（亦即以敘述的方式，讓盲胞「聽到」電視劇中的人物、場景、道具、氣氛……），而獲得美國電視最高榮譽——「艾美獎」，也獲頒美國「十大傑出青年潔西獎」。

目前，吉姆也是「敘述電視網」（Narrative Television Network）的創辦人，該電視台在北美有一千多家的有線電視系統加入，收視戶高達二千五百多萬戶。

看到吉姆的故事，讓我感觸良多，也讓我想起一些話：

「不要小看自己，你有無限的可能。」

「人就是要看好自己，才能逆中求勝，改變命運。」

Motto 成功佳言

成就大事業的秘訣不在才能，而在於堅忍。

成功座右銘

「除非想成為贏家，否則就是輸家；除非想成為一流，否則就是二流。」

吉姆的故事深深感動著我，因為他的成功告訴我們——「人勇敢走到哪裡，路就在那裡。」即使已經山窮水盡、沒有路了，但他依然勇敢、堅定地開闢出一條路來。所以，能夠勇敢忍受一時失敗與痛苦的人，就可以「啜飲人生的蜜汁」啊！

「成功，往往住在失敗的隔壁。」

有人說：「成就大事業的秘訣不在才能，而在堅忍。」是的，有些聰明的人，往往一經打擊，就妄自菲薄、灰心喪氣，以致無法成功。所以，「成功不在於懂得多少，而在於做了多少。」如果我們缺少了堅忍和毅力，可能就無法獲得榮耀的冠冕！您知道嗎，英雄不一定比普通人有勇氣，他只是

Motto 成功佳言

能夠勇敢忍受一時失敗與痛苦的人，就可以「啜飲人生的蜜汁」。

「多堅持五分鐘」而已。

「假如我無所事事地白過一天，自己就像犯了竊盜罪一般。」

西洋哲人，說了這麼一句上述充滿哲理與自省的話。真的，「浪費時間」是所有支出中最昂貴和最奢侈的一種。所以，歲月使流汗耕耘的人，享受到收穫的喜悅，但也使好逸惡勞的人，成為永遠的輸家。

苦難，會逼著人想出好辦法

上帝給我一項困難，也必會給我一份智慧

要求別人，常會氣死人，
因為，要求別人很不容易。
不過，想想，我們是不是可以要求自己？
讓自己「無懼、無倦、無悔」，
努力做到八十分、九十分、一百分！

聽說，愛爾蘭鄉間許多的圍牆都是用石頭砌成的，很多小男孩喜歡在田園中的石牆旁嬉戲；只要男孩們跑到田野中、看到一面高得難以跳過去的石牆，他們就會停下來，把他們的帽子「用力丟過牆去」。

為何如此？因為，先把帽子丟過去，他們就必須絞盡腦汁、想出辦法，強迫自己一定要「翻爬過牆，去找到自己的帽子」。

在愛爾蘭，只有不自愛的孩子，才會丟掉他們的帽子；所以，帽子不能丟失，一定要找回來不可，非「翻過高牆不可」。

這，就是「勇氣」，深深讓我感動的勇氣——**「打斷退路、破釜沉舟、勇往直前、別無選擇！」**

而我們呢？我們有沒有「打造美麗夢想、追求成功」的勇氣？

您知道嗎，很多人年老時會說，一生中最後悔的，就是「沒有勇敢地去嘗試，或追求某些事物」；而這些後悔的人，距離他們的目標與夢想，其實

Motto 成功佳言 ✔

我們要——
「化渺小為偉大，化平庸為神奇。」

只有「一步之遙」，也就是——少了勇氣、決心與行動。

爆竹，有強大的爆發力，但它需要被點燃！它，需要火！

你我，也有極大的潛能，但也需用火，來點燃，來沖向藍天！

我常在腦海中，想像一個畫面，現在，好不好請你和我一起想像——

有一天，你，正坐在一個萬人的大禮堂裡，前面的舞台五光十色、彩帶汽球齊飛。這時，全場的燈熄了，司儀正慢慢地「叫出你的名字、講述你的成就」……

隨即，全場觀眾起立，為你鼓掌、喝采，而「聚光燈」也打在你的身上，燈光隨著你的腳步，往舞台方向移動……

你，踏上了舞台，一位漂亮的小姐抱一大束花過來，送給你……另一個女郎（或帥哥）也再送給你一大束花，全場掌聲，久久不息！而你……正含著淚水，站在舞台中央，雙手高舉著鮮花，向台下觀眾鞠躬、致謝……

Motto 成功佳言 ✔

咱們的「心火」，
記得一定要讓它熊熊燃燒、生生不息。

現在，請你閉上眼睛，把剛剛這一幕再「倒帶一次」。

你，看到這一幕了嗎……你看到你自己了嗎？沒錯，「就是你」，你就是今天頒獎典禮的主角，你所有的努力、辛苦、坎坷、淚水、屈辱……都在今天獲得報償——「所有榮耀，都將歸於你！」

我曾參加過許多保險公司、傳銷公司、仲介公司，或是銀行等大企業的員工表揚激勵大會，許多業務同仁，就像這樣，熱情不斷、掌聲不停地被邀請上台；他們抱著許多束鮮花，含著高興的淚水，站在台上接受千人、萬人的喝采。

親愛的朋友，你，也一定可以是頒獎典禮上的主角；你，也一定可以是享受喝采與榮耀的「成功高手」！但，請你大聲說出你具體的夢想，然後，再告訴自己——

「時候到了，我站起來、立刻行動的時候到了！」

Motto
成功佳言

放棄者，不會勝利，
勝利者，永不放棄！

「我的成功，絕不是靠夢想，而是靠行動、靠實踐。」

「放棄者不會勝利，勝利者永不放棄！」

成功座右銘

「上帝給我們一項困難，也必會給我們一份智慧。」

我們的「心」還活著嗎？心一定要活著呀，心絕不能死去；「心死」，人就枯槁、絕望了！咱們的「心火」，記得一定要讓它熊熊燃燒、生生不息；我們絕不悲觀、不自卑，永遠要為自己的生命「找方法」，不為自己的缺陷「找藉口」。只要我們鍥而不捨的「心火」不滅，必能邁向成功！

「不能要求別人一百分，卻可要求自己一百分。」

要求別人，常會氣死人，因為，要求別人很不容易啊！不過，想一想，我們是不是可以要求自己？甚至要求自己八十分、九十分、一百分！我們

Motto 成功佳言

把苦難踩在腳底下，才能更堅強；不磨不成玉，不苦不成人。

要「化渺小為偉大，化平庸為神奇」，也讓自己「無懼、無倦、無悔」，努力地做到一百分。

「最堅強的靈魂，是從苦難中培養出來的。」

有苦難，是件壞事，但也是好事；因為苦難，會逼著人想出好辦法，在艱苦環境中，鍛鍊出人才來。或許有些人被苦難擊倒，但有些人卻「把苦難踩在腳底下，不把它放在眼裡」；我們只要與苦難相抗爭，孱弱的肌肉就會變得堅強。因此，「不磨不成玉，不苦不成人」啊！

只要有勇氣，不怕沒戰場

暗自傷心，不如立即行動

有一陣子，他在紐約幾乎沒有戲演，
只好以打工賺錢餬口，
也曾在《愛之船》中客串。
後來，他終於有機會在電視影集中，
飾演一名為了省錢，而男扮女裝，
混住在廉價女子公寓的男子……

十年前，好萊塢曾對五百多名國際知名的影星，根據「名氣、票房、片酬、影響力、發展潛力」為標準，做一項超級評比，看看究竟誰是排行榜第一名？

票選結果發現，呵，既不是李奧納多，也不是票房老將哈里遜福特、或李察吉爾……您相信嗎，第一名竟然是以喜劇演員出身的「湯姆漢克」。

很多人都印象深刻，湯姆漢克曾經主演了一部《綠色奇蹟》（*The Green Mile*）；在片中，他飾演一名富有愛心的監獄守衛長，與有特異功能的黑人死囚在監獄中，因彼此的關愛與互信，而發展一段超乎尋常的感人友誼；他收放自如的演技，讓影評家與觀眾們十分激賞。

可是，您知道嗎，從小，湯姆漢克的父母離異，他與哥哥一直沒有母親陪在身邊，只和父親──一個隨時準備換工作的廚子──住在一起，而且不斷地搬家。

也因此，湯姆漢克總是獨自寂寞，交不到什麼好朋友；而在面對人群時，他也都十分害羞、無法與人自然交談。

然而，在高中時，湯姆漢克突破「閉塞的自我」，第一次主動參加學校劇場的演出；雖然表現不甚理想，但他卻從此愛上了「表演藝術」。

後來，他進入了大學就讀，也多次正式登台表演，來磨練自己的演技。一九七七年，湯姆漢克赴克里夫蘭的大湖區「莎士比亞節」進修表演；在那裡，他看了無數演員的傑出表現，他十分羨慕，也希望自己有傲人的演技，所以就下定決心，朝著演員的路來發展。

為了專心成為一名「傑出演員」，他中輟了學業，獨自到紐約的「河邊劇院」，擔任莎翁名劇《馴悍記》中的葛魯米歐一角。而輟學的大膽決定，雖是個極大的賭注，卻也是他一生的最大轉捩點。

有一陣子，湯姆漢克在紐約幾乎沒有戲演，只好以打工賺錢餬口，也曾在《愛之船》中客串一名小演員。不過，在多次客串露臉後，他終於在一部低成本的電影中演出，也在電視影集中，飾演一名為了省錢，而男扮女裝、

Motto
成功佳言

我能，因我知道我能；
我成功，因我「志在成功」。

混住在廉價女子公寓的男子。

當然，從默默無聞到被朗霍華導演提拔，這其間，湯姆漢克經過許多窮苦潦倒的日子；後來，導演朗霍華回憶說：「那時候他真的很窮，中餐常以簡單的三明治果腹，可是排戲時，他還是能以開懷自在的心情演喜劇，真是佩服他！」

一九八四年，湯姆漢克的生活十分落魄，因為他主演的電影票房悲慘連連，髮妻也漸行漸遠，終至以離婚收場。

然而，在逆境中，漢克堅持自己演戲的興趣，也不斷磨練自己的演技；一九九七年時，他與現在的妻子結婚，幸運也跟著隨之降臨；九〇年他主演《飛進未來》一片，獲得第一次「奧斯卡提名」的榮耀。

一九九二年，湯姆漢克主演《西雅圖夜未眠》，片中與女星梅格萊恩大談戀愛，以浪漫喜劇，獲得觀眾們的瘋狂喜愛。

▲▲ 生活就像一盒巧克力，你永遠不知道會吃到什麼？

一九九三年，他接演《費城》一片，飾演一名罹患愛滋病的同性戀律師，從此，奠定了他演技巨星的地位，也拿下他生涯中第一個「奧斯卡金像獎」與「柏林影展」影帝。

一年後，湯姆漢克又在《阿甘正傳》中，飾演一名有心智障礙的男孩，不斷地克服困難、挑戰自我，因而再度拿下一座奧斯卡小金人，也成為奧斯卡歷史中，極少數能蟬聯影帝的巨星。

在《阿甘正傳》的電影中，有一句台詞說道：**「生活就像一盒巧克力，你永遠不知道會吃到什麼？」**

是的，我們永遠不知道未來會發生什麼，但是，我們可以同意一句話——

「沒有勇氣，就沒有榮耀！」

「只要有勇氣，不怕沒有戰場。」

湯姆漢克雖然童年顛沛流離，但他知道自己的興趣與目標，勇敢地摸索

Motto
成功佳言

只要有勇氣，
就會有榮耀！

前進；儘管票房慘淡、三餐不繼，但他鍥而不捨的勇氣，卻讓他終於熬出頭，成為一名超級巨星。

如今，漢克說：「我到現在，還是每天都迫不及待地跳下床，開車到片場演戲，實現自小的夢想……」

但願，我們也能說：「我每天都迫不及待地跳下床，高興地展開一天的工作……」這樣的心情和持之以恆，有一天，我們也一定可以獲得「自我生命的奧斯卡金像獎」。

成功座右銘

「不同的信念，決定不同的命運。」

在挫折、低潮時，咱們的心中浮現什麼「信念」？是積極的，還是消極的？是樂觀的，還是悲觀的？然而，每個信念，都會影響咱們的下一步，

Motto
成功佳言

一切傷心，都是於事無補；傷心，不如趕快行動吧！

甚至影響一生。因此，千萬別讓我們的信念太過於「小兒科」，因為，「信念，帶領著我們走一生啊！」所以，我們都要有光明、堅持、積極的正向信念，不能有懈怠、放棄、逃避的負面信念。

「成功這件事，我才是老闆！」

真的，成功這件事，咱們不是伙計，而是老闆；我們都必須自己勇敢去主導自己的命運，而不能把命運交給別人。有些人喜歡算命，到處找算命師算命；我不懂，自己為什麼不相信自己，要去相信算命的人？每個人都是自己生命的主人和老闆啊！所以，一個成功者的口頭禪，應是——「我能，因我知道我能；我成功，因我志在成功。我，不躊躇、不猶豫；我，是個行動者——積極又努力的行動者。」

「暗自傷心，不如立即行動。」

你傷心、難過、不如意、絕望、情緒跌至谷底嗎？會的，人人都有低潮的時候。年輕時的湯姆漢克也是一樣，曾經落魄、潦倒、窮困不堪；但是，「暗自傷心，不如立即行動。」站起來吧，一切傷心都於事無補，因為，想成功的人，沒有懷憂喪志的權利；只有轉換情緒、立刻行動，才能改變自己的命運！

Motto
成功佳言

只有轉換情緒、立刻行動，才能改變自己的命運！

Part 2

小成就，常是大成功的起步

- 要像鐵鎚和釘子一樣，永遠向著定點努力
- 差一秒、差一分，失去的不是時間，而是機會
- 信念造就一生，堅毅成就美夢
- 每個人都是自我生命的建築師
- 成功，常出自於有膽識、有行動的人
- 不懂得割捨，永遠成就不了大事

一小時的實踐，勝過二十四小時的空想

要像鐵鎚和釘子一樣，永遠向著定點努力

踮著腳走路，很不踏實、很虛；
只有將兩腳著地，走路才能穩健！
人也是一樣，必須——
「全心投入，才能深入；
全力付出，才能獲得。」

過去，有人問美國高爾夫名將蓋瑞．布雷爾，為什麼他的球技如此高超，經常技冠群雄，而且揮桿的姿勢那麼完美，又遠又準？

蓋瑞回答說：「我每天起床後，就拿起球桿不斷地揮，至少揮一千次；當雙手流血時，就包紮好，再繼續揮桿！這樣，我連續練習了三十年……」

蓋瑞也反問對方：「你願意付出『每天重複一模一樣的動作一千次』的代價嗎？」

全世界知名的籃球明星麥可．喬丹也曾說，他每天要練習三千次以上各種角度的投籃動作；因為每天勤投三千次，遇到緊急狀況時，才能有十拿九穩的超水準表現。

其實，當我們羨慕別人的成就時，常常看不見別人榮耀光圈背後不為人知的「築基功夫」。

地基，是一棟大樓最重要的基礎，地基建築得不穩固，地震一來就垮了。

人也是一樣，「築基功夫」練得不踏實，自我生命大樓就可能不夠堅固，也會有隨時倒塌之虞。因此，**「忍受寂寞、打穩地基，是人生必修的功課！」**人，不可以馬馬虎虎、好高騖遠、隨便地搭蓋自我生命大樓啊！

梵蒂岡大教堂中，有個聞名全球的「米開朗基羅壁畫」，那壁畫是畫在極高聳的圓頂天花板上。米開朗基羅在作畫前，必須先請工人搭鷹架上去，然後再站著、坐著、或長期躺在鷹架上作畫。

我們可以想像得到，半彎著腰、或躺在鷹架上作畫，真的是非常辛苦，有時雜碎物或顏料還會掉入眼睛裡；然而，米開朗基羅自我要求極高、十分細心，他每天一筆一點慢慢地畫。

有一次，一朋友來看他，然後對他說：「哎呀，你幹嘛那麼辛苦作畫呢？你畫得這麼精細、每一筆都不馬虎、力求完美，都快把眼睛搞壞了……你知道嗎，站在下面參觀的人，根本看不清楚你這麼高的天花板壁畫啊，誰知道、

Motto
成功佳言

忍受寂寞、打穩地基，
是人生必修的功課！

▲▲ 我每天揮桿一千次，揮了三十年了！

誰在意你這壁畫是不是很完美？」

米開朗基羅說：「誰知道？——我知道！誰在意？——我在意！」

就是這樣「忠於自己」，也「忠於別人的委託」，米開朗基羅的圓頂壁畫，在梵蒂岡大教堂中永垂不朽、萬世留名。

人，必須「忠於自己」，對自己的一輩子「忠心努力」；因為「成功不是靠一陣子的熱心，而是靠一輩子的堅持」啊！

同時，我們都必須追求「優質的人生歲月」，不能一曝十寒、紙上談兵。

「天天揮桿一千次、天天練投籃球三千次、天天瞇著眼睛專注地作畫……」這些成功高手都曾忍受過寂寞的日子，然而，**「等待，也是一種學習。」**在忠於自己地熬過孤寂與等待之後，榮耀就隨之降臨啊！

真的，只有**「不再紙上談兵，立刻動手去做，美夢才能成真。」**

因為，**「一小時的實踐，勝過二十四小時的空想。」**

Motto 成功佳言

全心投入，才能深入；全力付出，才能獲得。

成功座右銘

「踮腳走路，是走不遠的。」

我們都曾經踮著腳走路，也就知道，這樣是無法走遠的，因為踮腳走路「很不踏實、很虛」；只有將兩腳掌著地，走路才能穩健。人也是一樣，必須「全心投入，才能深入；全力付出，才能獲得。」正如本文中的成功運動選手和畫家，他們也都曾默默地苦練與付出，才能留下美名啊！所以，有人說：「成名總在窮苦日」，真有其道理啊！

「成功的人像鐵鎚和釘子一樣，永遠向著一個定點努力。」

我們天天在忙什麼？是不是旁騖很多？是不是電話經常響，就開始講電話、開始分心？應酬多嗎？閒聊多嗎？雜事多嗎？有沒有專心靜下來做計劃中的事？——關機吧，專心吧，推掉旁騖吧！要像鐵鎚和釘子一般，

Motto
成功佳言

成功不是靠一陣子的熱心，
而是靠一輩子的堅持。

向著一個定點努力，才能釘得牢靠。

「人生最大的喜悅是——每個人都說你做不到，你卻完成它了。」

知道嗎，沒有人會把「成功的果實」放在盤子裡端過來給我們。而且，當我們努力邁向成功時，也可能有許多人「不看好我們」，甚至「嘲諷我們、潑我們冷水」。不過，別在意，要相信自己的力量、肯定自己的目標，因為「真心喜歡、堅持到底，就必能成就每件事！」

Motto 成功佳言

別再紙上談兵，要立刻動手去做，美夢才能成真。

好運的人，都帶有準備的磁鐵

差一秒、差一分，失去的不是時間，而是機會

西洋人說：「一針縫得及時，勝過九針。」

的確，我們必須隨時「把握機會」，

甚至主動「攫取機會」，

因為，機會不會第二次來敲我們的大門啊！

有個李小姐，電腦很不錯，她於專科學校畢業後，就在一家工廠工作，但待遇不高；當她聽到她的好友小靜已經被錄取，即將到一家電腦公司上班時，心裡就十分羨慕。小靜說，她雖然只是個新進的技術員，但如果有了一定年資，就可以得到公司的「分紅與配股」，年薪也可能拿到百萬元。

哇，聽起來，真是好棒哦，怎麼「運氣那麼好」，可以進入大電腦公司工作？過一陣子，家住南部的李小姐聽說，「台南科學園區」正舉辦聯合徵才；嗯，機會來了！李小姐心想，只要我被錄取，我也可以進入大公司，也可以分紅、配股，好棒哦！

徵才活動當天是假日，李小姐約了兩個朋友一起前往；未料，那天她不小心睡過了頭，起床時已經快十點，三人到達會場時已超過十一點了。

他們忙著找停車位，天哪，車子擠得水洩不通，好不容易找到停車位，也搞不清楚廠商的位置在哪，真是萬人鑽動；連想上個廁所，都是大排長龍，看了真是恐怖！

擠呀擠，李小姐和兩個朋友東看西看，只看到黑壓壓的人潮，每個人

Motto 成功佳言 ✔

機會，準備愈多，好運也會愈多。永遠只留給有準備的人。

都想找工作，也都心浮氣躁——「喂，後面不要擠好不好……這邊還有孕婦啊！」可是，誰管那麼多，一大群人只管搶著拿目錄、簡介、報名表……突然間，「碰」一大聲，花瓶被擠掉下來，碎了！

天啦，好像是暴動，也好像全南部人都失業、都擠到這裡來搶工作！「算了，回去吧，打道回府、回原工廠工作吧！」李小姐和友人作此決定。

那天晚上電視新聞報導，此次南科徵才的名額是「一千五百名」，但當天湧入的人潮，高達「五萬人」，更有許多人從凌晨三點，就開始排隊等候，錄取率比大學聯考還低。李小姐看了，嘆口氣——「唉，算了，我沒那個命、沒那個運氣！」

曾有長輩告訴我：**「不要把失敗的事，都牽扯到『運氣不好』！」**

的確，如果自己沒有努力去爭取，只會怪罪「運氣不好」、「沒那個命」，

Motto
成功佳言

別把自己失敗的事，
全都怪罪到運氣不好。

機會可能就會消失了。

所以，**「機會，永遠只留給有準備的人」呀！**

想想，別人可以凌晨三點去排隊、去爭取，為什麼自己要睡到十點呢？豈不知，**多少人失業，正戰戰兢兢、虎視眈眈地看準這徵才的機會，他們寧願「放棄睡覺、冒著寒風」，在黑夜中排隊等待，等待那黎明的來臨啊！**這種精神，豈是睡到十點的人，以一句「我沒那個命、沒那個運氣」可以相比的？

齊豫唱的一首歌〈英雄〉中有一段歌詞——「Like a hero I will smile again, like a hero in a midnight train.」

有時，**一個落寞的英雄獨自坐在午夜列車上，是很孤單寂寥的；然而，這卻是「通往黎明的道路」。而他，將比那些沉睡不起的人，更早看見「晨曦和曙光」！**

▲▲ 我是坐在黑夜快車上的孤獨英雄，是第一個看到晨曦和曙光的人！

成功座右銘

「好運的人，都帶有準備的磁鐵。」

我們常會羨慕一些好運的人，但卻不知他們都是「準備專家」，隨時攜帶著「準備的磁鐵」。一個人是否有準備，一個眼神、開口說幾句話，就可以知曉。因此，只要有積極的準備，沒有什麼事是辦不到的；而且，我相信——「機會，只幫助有準備的心靈。」

「差一秒、差一分，失去的不是時間，而是機會。」

有時，我們會自我安慰：「唉，差一點，算了，我沒那個命！」可是，即使只差一秒、一分，我們美好的機會可能就稍縱即逝啊！西洋人說：「一針縫得及時，勝過九針。」的確，我們必須隨時「把握機會」，甚至主動「攫取機會」，因為，機會不會第二次來敲我們的門啊！

Motto 成功佳言

一針縫得及時，勝過九針。

「寧可相信短短的鉛筆，不要相信自己的記憶！」

我每天出門，都一定要為自己準備一枝筆，不管是什麼筆都可以。因為，在走路、在開車、在交談、在聆聽……隨時都有靈感、有文思、有感動可能觸動我心，那時，我就必須立刻記錄下來。假如我沒有準備紙、筆寫下來，我的經驗告訴我，過一下子，或許只有幾秒鐘，可能就會忘記！因此，隨時為自己「準備一顆心、準備一枝筆」吧！

Motto
成功佳言

別相信「記憶」，
要相信「記錄」。

能受天磨方鐵漢

信念造就一生，堅毅成就美夢

小時候，媽媽叫我們吃魚肝油，

真的沒什麼好吃，

但媽媽說，它很有用，會使我們快快長大。

挫折也是如此，

它教我們在鼻青臉腫後，

知道如何避免再犯同樣的錯誤！

能夠當個「國手」，是一件多麼光榮的事啊！多少人期待能成為國家代表隊的國手，甚至在奧運會「奪金摘銀」。

四十一歲的「芭芭拉・席維曼」就是個例子，因她正天天苦練，期盼能獲選為「美國奧運騎術代表隊」的一員，以便在雪梨奧運會中，一展她技藝高超的騎馬技術。

可是，隨著爭取代表資格的選拔日期愈來愈近，芭芭拉的心情愈忐忑不安。為什麼呢？因為她是一位「癌症末期」的病患，她正隨時面臨「死神召喚」的無情催逼！對她來說，「死亡」——是一個與她緊緊相隨的名詞，她真的不知道是否可以如願地代表美國奧運騎術隊，昂首、驕傲地快馬奔馳、飛向奧運。

十五年前，芭芭拉在多次懷孕失敗後，到醫院檢查，結果發現，她罹患「子宮癌」，而且已經病入膏肓，無法治癒。當時二十六歲的她，為了多活四個月，而動了手術。手術後，她放下一切，整天坐在屋外的椅子上，等待「死神降臨」，她心中不停地想著醫生的話——「可能活不過四個月」、「今天可能就是死期」……。可是，太陽下山了，她還是活著，她只好走回屋內，期盼「明天太陽再度升起」。

日復一日，太陽下山時，死神依然「沒依約前來敲門」；後來，芭芭拉只好與死神玩「躲迷藏」的遊戲，她天天騎馬、訓練騎藝，來打發時間。雖然現在的芭芭拉，因化療而失去了「一頭秀髮」，而且虛弱不堪、不能進食，必須靠打針補充水分和養分，但她仍每天勤練馬術不輟。

十五年後的芭芭拉，又經歷了兩次「癌症末期、死亡在即」的宣告，因她的腹部又長了惡性腫瘤，但醫生診斷後的第九天，她依然參加馬術競技，並勇奪第二名。

如今，芭芭拉，正忍著疼痛「與死神賽跑」，她渴望跑贏死神、渴望比死神「早一點抵達雪梨奧運」，完成她「生命大限來臨」之前的夢想！

芭芭拉的丈夫說，「騎馬」是使她活下去的動力，雖然死亡的陰影籠罩

Motto 成功佳言

挫折就像維他命，
不一定好吃，卻很有用。

她、跟隨她，但她仍堅定信念、挑戰命運。而芭芭拉也說，**心理上，她已經準備好「迎接死神」，但理智上，她卻不願放棄，她的目光仍堅毅、且勇而無懼地「定睛於雪梨奧運」。**

有人說：「**一個人，只要有心，就沒有任何事情可以阻撓他！**」

是的，「**信念造就一生，堅毅成就美夢！**」

我常在想，如果我是個癌症末期的病患，我會不會像芭芭拉．席維曼一樣，勇敢地「光著頭、忍著痛」，不斷地挑戰命運？

英國文豪蕭伯納說：「在我年輕時，我所做的事，十中有九都是失敗的，但為了不甘於失敗，我便十倍努力於工作。」

就是這樣的信念，使蕭伯納千古留名；相同的，信念，讓芭芭拉勇於挑戰奧運。

而我，也因此更加確信——「信念造就一生，堅毅成就美夢！」

Motto
成功佳言

一個人，只要有心，
就沒有任何事情可以阻撓他。

成功座右銘

「上帝說：『你要什麼便取什麼，但是要付出相當的代價。』」

這句西班牙格言告訴我們，每件東西都有它的價格，想買什麼，就必須付出同等的金錢，才能帶走它。生命的價格也是一樣，要名譽、要財富、要智慧、要學位、要真理……只要你想要，就必須付出相當的代價來換取。正如本文中的芭芭拉小姐，她以無比堅定的信念與毅力，來換取奧運的夢想與榮耀。

「挫折就像維他命，不一定好吃，卻很有用，也會讓我們快快長大。」

小時候，媽媽叫我們吃魚肝油，真的沒什麼好吃，但媽媽說，它很有用，會使我們快快長大。「挫折」也是如此，它教我們在鼻青臉腫後，知道如何避免再犯同樣的錯誤。而一個不犯錯、沒挫折的人，通常不能成就大事業。

Motto
成功佳言

能受天磨方鐵漢啊！

所以，請記得——「能受天磨方鐵漢啊！」

「現在站在什麼地方不重要，重要的是你往什麼方向移動？」

一個人，若不知道目的地，就一定會走錯地方；只要有目標、有方向，我們就一定會走出一條路來。因此，我們都必須清楚知道，下一個方向在哪裡？往哪裡去？而不是站在原地逗留、猶豫、不再前進。其實，「成功是沒終點的，有了終點，人生便失去了意義。」

Motto
成功佳言

成功是沒終點的，
有了終點，人生便失去了意義。

生命是罐頭，膽量是開罐器

每個人都是自我生命的建築師

船，停泊在港內，是十分安全，
但，船的建造，豈是為了停泊在港內？
假如我們「沒鬥志、不爭氣」，
我們就沒有資格要求別人一定要瞧得起我們啊！

譚盾，是著名美籍華裔作曲家，曾為李安的電影《臥虎藏龍》作曲，而獲得二〇〇一年奧斯卡金像獎「最佳原創配樂獎」。可是，在譚盾年輕、剛到美國時，卻必須到街頭拉小提琴賣藝，來多賺錢，做為生活費用。

事實上，在街頭「拉琴賣藝」跟「擺地攤」沒兩樣，都必須爭個「好地盤」，才會有人潮、才能賺錢；而地段差的地方，當然生意就較差囉！很幸運地，譚盾和一位認識的黑人琴手，一起爭到一個「最能賺錢的好地盤」——一家商業銀行的門口，那裡的人潮好多哦！

過了好一段時日，譚盾賺到了不少賣藝錢之後，就和黑人琴手道別，因他要進入哥倫比亞大學進修，在音樂學府裡拜師學藝，也和琴技高超的同學們互相切磋；於是，譚盾將全部時間和精神，投注在提升音樂素養和琴藝之中……

在大學、研究所裡，雖然譚盾不像以前在街頭拉琴一樣賺很多錢，但他的眼光「超越金錢」，轉而投向那更遠大的目標和未來。

十年後，譚盾有一次路過那家商業銀行，也發現昔日老友——黑人琴手，仍在那「最賺錢的地盤」拉琴，而他的表情一如往昔，臉上露著「得意、滿足與陶醉」。

當黑人琴手看見譚盾突然出現時，很高興地停下拉琴的手，熱絡地說道：「兄弟啊，好久沒見啦，你現在在哪裡拉琴啊？」

譚盾回答了一個很有名的音樂廳名字，但，黑人琴手反問道：「那家音樂廳的門前也是個好地盤、也很好賺錢嗎？」

「還好啦，生意還不錯啦！」譚盾沒有明說，只淡淡地說著。

那黑人琴手哪裡知道，十年後的譚盾，已經是一位國際知名的音樂家、配樂家，也獲得音樂博士學位；他也經常應邀為著名舞劇、電影配樂，而不是只在門口「拉琴賣藝」呀！

看到譚盾在接受電視記者訪問，而娓娓講出這段故事時，我心頭突然一震——

Motto
成功佳言

生命，
不能一直死守著自認為「最賺錢的地盤」。

▲▲ 我會不會也像黑人琴手一樣，錯失了躍上大舞台的時機？

我們會不會也像黑人琴手一樣，一直死守著「最賺錢的地盤」而不放，甚至還「沾沾自喜、洋洋得意」？

我們的才華、我們的潛力、我們的前程，會不會因死守著「最賺錢的地方」，而白白地斷送掉？

「生命，不只是苟活而已。」

「生命，不能一直死守著自認為『最賺錢的地盤』。」

人，必須懂得「及時抽手」，離開那看似最賺錢、卻不再進步的地方；人，必須鼓起勇氣，不斷學習，再去開創生命的另一高峰啊！

有人說：**「生命是罐頭，膽量是開罐器。」**

是的，我們要握著有膽量的「開罐器」，才能打開「生命的罐頭」，也才能品嚐裡頭的甜美滋味呀！

Motto 成功佳言 ✔

生命是罐頭，膽量是開罐器。

成功座右銘

「只要有鬥志，不怕沒戰場！」

人必須有鬥志，以迎接任何挑戰；假如我們「沒鬥志、不爭氣」，我們就沒資格要求別人一定要瞧得起我們。所以，人生處處是戰場，每個人都應該保持「開幕第一天」的高昂鬥志，在努力中找尋運氣，也在運氣中創造成功！

「滴自己的汗，吃自己的飯，自己的事自己幹；靠人靠天靠祖上，都不算是好漢！」

民國初年一位文人陶知行，寫了上述這首〈自立歌〉；的確，人都要靠著自己的能力，勇敢地去創造出一片天地。當然，一艘船停泊在港內是十分安全的，但是「船隻的建造，豈是為了停泊在港內」？我們都要像譚盾一樣，勇敢自立地揚起船帆，航向大海，才能成為好漢！

Motto
成功佳言

**一艘船停泊在港內是十分安全的，
但船隻的建造，豈是為了停泊在港內？**

「人沒有選擇出生環境的權利，卻有改變生活環境的權利。」

世界上沒有人能選擇自己的父母、以及出生的環境，然而，人是「自己生命的建築師」，我們可以透過學習、努力、奮鬥，而改變自己的生活環境。所以，「Life is find the way.」生命就是要找到出路；儘管原本出身寒微，但人會因戰勝自己、戰勝惡劣環境而偉大。

Motto
成功佳言

每個人都是「自己生命的建築師」。

掃地，要連心地一起掃

成功，常出自於有膽識、有行動的人

人的心，要不斷地清掃，
不能讓污垢、灰塵在咱們心中累積。
我們都知道許多道理，
但要做，卻常「心有餘而力不足」。
因此，人掃地，但也要掃心呀！

有位國小三年級的老師，因班上被分配到「掃廁所」，所以她就對學生們精神講話——「你們知道嗎，吃喝拉撒是人生必需的事情，而廁所就像家裡的客廳、餐廳一樣重要。因此，**『掃地』就是『掃心』，假如連掃廁所這麼髒、這麼卑微、這麼艱難的工作，大家都願意做，而且做得很好，則以後的人生，就沒有做不到的事了！**」

學生們一聽，都瞠目結舌，哇，掃廁所是這麼「神聖、偉大」的工作啊！所以，分派工作時，志願報名「掃廁所」的人，出乎意料地特別多！

的確，**「掃地，掃地，掃出一片大福地。」**

「掃地，就是掃心，要連心地一起掃。」

人的心，要不斷地清掃，不能讓污垢、灰塵天天在咱們心中累積啊！

我們都知道許多道理——「業精於勤荒於嬉」、「要怎麼收穫，就要先怎麼栽」……可是，知道歸知道，要做，卻常「心有餘而力不足、虎頭蛇尾、

Motto
成功佳言

掃地，就是掃心，要連心地一起掃！

▲▲ 掃呀掃，把心中的灰塵、污垢都掃乾淨，又是一個全新的我。

半途而廢」。我們「心中的灰塵、污垢」，常沒有掃去，而阻礙我們向前邁進的決心。

其實，人們的行為、習慣，對自己未來的成就，有很大的影響。**想成功，就要有積極、勤奮、努力不懈的好習慣；而好習慣，都是從不習慣開始的。**

人類行為學家威廉・薩默賽特・毛姆(William Somerset Maugham)曾經說：「世界上令人遺憾的是——**好習慣很難養成，壞習慣很難改正。**」（The unfortunate thing about this world is that good habits are so much easier to give up than bad ones.）

的確，我們都要學習養成讓自己更進步的好習慣，也有心、有力、積極地除去讓自己懈怠、退步的壞習慣。

前中央研究院院長、物理學大師吳大猷，生前曾說過一句名言：**「一隻豬環遊世界回來，還是一隻豬。」**

Motto
成功佳言
✔

人的心，要不斷地清掃，
不能讓污垢、灰塵天天在咱們心中累積。

假如，我們的「心地」不掃乾淨、不振奮自己、不勇猛精進，則吳大猷的名言，將會是我們的一大「警語」啊！

成功座右銘

「成功常出自有膽識、有行動的人，很少歸於怕後果、心膽小的人。」

咱們的心掃過了嗎？振奮了嗎？活過來了嗎？事實上，成功絕不是一蹴可幾的，也不是容易就可以得到的，而是必須有勇氣、有膽識、有行動。所以，「動手做吧！」有危險就有機會，積極和大膽，總會帶著神奇的力量；如果老是怕後果、心膽小，「豬儘管環遊世界回來，依然是一隻豬。」

「不為模糊不清的未來擔憂，只為清清楚楚的現在努力。」

我們不知明日將如何，因明天或陰或晴我們全然不知；所以，不要為明日而憂慮，只要為今天的擁有而盡心盡力。或許今天的情況很糟糕，但，能

Motto
成功佳言

動手做吧！有危險，就有機會；
積極和大膽，總會帶著神奇的力量。

有多壞？再壞就這麼壞吧！再擔心、再憂慮，明日的太陽依然會升起，我們仍舊要微笑地面對。所以，人生就是「在斷了一條弦之後，還要用剩餘的弦繼續彈奏完全曲。」

「想要推動天下，先要發動自己。」

一輛車要能跑，必須先發動引擎；我們想要往前衝，也必須先發動自己的「心靈引擎」。假如我們的心田污垢一堆、沒換機油、也沒汽油，如何往前奔跑、往前衝刺？所以，只有先發動自己，才能使我們「生命的轎車」平穩向前！

Motto
成功佳言

人生就是「在斷了一條弦之後，還要用剩餘的弦，繼續彈奏完全曲。」

人要三心——「專心、耐心、用心」

不懂得割捨，永遠成就不了大事

有些人眼光短淺，
只緊緊抓住「眼前小利」，不知放眼未來；
然而，心胸和眼光都要像「降落傘」一樣，
敞開之後，
才能漂亮地呈現在藍天白雲之中！

名列「唐宋八大家」的文豪柳宗元，曾為一種「名不見經傳」的小蟲作傳。

是什麼小蟲呢？牠，名叫「蝜蝂」，是一種在路上爬行的小蟲，而且，牠天生就很「擅負」，也就是很會「揹東西」，一遇到東西、可以抓得起來，就往自己的背上扛。

可是，因蝜蝂蟲的背部不光滑，牠往身上揹的東西也不容易滑下，所以東西一直堆、一直扛，真的愈來愈重，走不動了；牠，終於趴倒在地！

有人看到蝜蝂蟲這麼可憐，就幫牠把身上的東西拿掉，以減輕牠的負擔；可是當牠再站起來行走時，又是老樣子，又開始把可以抓到的東西往自己身上堆、扛。說實在的，若牠只喜歡揹東西就算了，您知道嗎，蝜蝂蟲偏偏又喜歡「往高處爬」；其結果，我們可以想像到，牠，終於墜落而死，而且粉身碎骨。

這是柳宗元所寫的〈蝜蝂傳〉，引申那些貪圖高官厚祿的人——看著他們「體型一天天長大，名聲一天天增高」，但他們的智慧卻只和蝜蝂蟲一樣。

Motto 成功佳言 ✔

大智者，穩重沉著、從容豁達；
小智者，綁手綁腳、左右分心。

現代的社會，因工作壓力、人情世故、應酬邀約……常令人忙個不停，甚至分身乏術。我有些朋友，除了在學校教學、研究之外，還要寫作、演講、諮商，也有政府或民間的專案活動需要參與；有時還要上廣播、電視節目，而聚餐、應酬的請柬也不少，不去不好意思呀！天啊……，行事曆上，每天的行程總是排得滿滿的。

這樣的人，沒有休閒、也沒有喘息的空間，日子像是「很充實」，可是卻「沒品質」，更忽略了與家人相處的時光，最後，累垮了、病倒了！您說，這像不像是「蝜蝂蟲」的翻版？

我們不能被「外在雜務的鎖鍊給綁住」呀！

我們一路走來，學會說「No」、說「不」了嗎？還是每天庸庸碌碌、忙得失去生命的方向了呢？

「辦不到，就不要勉強；扛不動，就不要硬撐。」**我們有時必須學習向朋友、向誘惑、向無謂的應酬和邀約說「不」！因為，「懂得拒絕，即懂得快樂」呀！**

Motto
成功佳言
✔

要專心、專注，除去不相干、不重要的雜務，雙眼定睛地往前面標竿直跑。

有人說：**「雜務擺兩邊，專心擺中間！」**

我們一定要「專心、專注」，除去背上不相干、不重要的雜務，讓我們一身輕盈、定睛地往前面的標竿直跑啊！

「捨吧，有捨才有得。」我們不能像蝜蝂蟲一樣，什麼都不捨呀！

「或許捨棄是痛苦的，但，得到會是甜美的。」

成功座右銘

「一直割捨不下一件事，永遠成不了大事。」

我認識一位朋友，當他唸完碩士回國時，進入一大學任教；他說，三年之後，他一定要再出國唸博士，再回來當教授。然而，說這話到今天，已經過了二十五年了，他仍然沒有動靜，不見他再出國進修。有時，我們真的割捨不下「工作、感情或身邊的人事物」，但是，也因無法割捨，使我們像一

Motto
成功佳言 ✔

或許捨棄是痛苦的，但，得到會是甜美的。

隻「蟑螂蟲」，愈背愈多，生命也愈沒品質啊！

「心胸和眼光要像降落傘，敞開來才有用。」

有時，人的心胸狹窄，一直生活在過去的挫折與失敗之中；或是眼光短淺，只緊緊抓住「眼前小利」，不知放眼未來！然而，心胸與眼光都要像降落傘一樣敞開來，才能使漂亮的降落傘呈現在藍天白雲之中啊！所以，「大智者，穩重沉著、從容豁達；小智者，綁手綁腳、左右分心。」

「事情拖不得、性子急不得；目標低不得、下手重不得。」

很多事情，我們不專心、拖拖拉拉、一天過一天；或是個性太急、太衝動、沒有好好規劃，最後事倍功半。因此，人要有三心——「專心、耐心、用心」，不要被外務的鎖鍊給綁住；也要訂下目標，一步一步地完成它。讓我們記得：「小機會，通常是大事業的開端；小成就，一定是大成功的起步！」

Motto
成功佳言

小機會，通常是大事業的開端；
小成就，一定是大成功的起步！

Part 3

大富由天，小富由勤

- 把跑腿當享受，把奮鬥當樂趣
- 最困難的時候，就是距離成功不遠了
- 勤奮是道路，苟安是懸崖和墳墓
- 人是為勝利而生，不是為失敗而生
- 當你跌到谷底時，你只能往上，不能往下
- 生命這齣戲，自己就是導演兼演員

成功之塔，建於用心之磚

把跑腿當享受，把奮鬥當樂趣

有些美其名「即興演出」的表演，
但他們通常至少練習過一百遍以上，
否則，不會有完美的即興表演。

因此，「同樣的事做不到一百次，
就不算是演技！」

曾是台灣首富的鴻海集團負責人郭台銘先生，是個十分傳奇的人物，他只有中國海專的學歷，卻創造出極龐大的事業版圖。

郭台銘有一股「霸氣」，他說：「要做，就要做世界最大的！」所以，身為董事長的他，帶領著員工努力打拚；他嚴以律己，每天工作至少十六小時，也不斷在海外分公司之間搭飛機、來回開會。

事實上，郭台銘過去是個白手起家的窮小子，他唸的是海專船務科，三、四十年前向岳父借了七十萬元，頂下鴻海工業公司，全力向電子業發展；現在，該公司集團已成為世界極大的個人電腦連接器製造商和電子業龍頭。

曾聽到一詞——「**暗光鳥**」，什麼意思呢？就是「**工作狂**」！

郭台銘就自稱是工作狂，一天不做事都不行；而且，晚上還可以連排三場會議，拚到晚上十一點還在和客戶談判訂單。他十分精明、專業、誠懇，有時，在開會時也只有開水和便當，沒有酒家的粉味，但卻憑著本事，就簽下大筆訂單呢！

一天工作十六小時，真是不簡單呀！一般人，不是「朝九晚五」嗎？而且還要「錢多、事少、離家近」。可是，一個人如果只是按時上下班、應付上級老闆，怎會成功？

我曾經應邀到新竹科學園區某公司演講，演講完、簽完名，已經是晚上九點半了，可是該公司研發單位還是燈火通明；我納悶地問：「這麼晚了，員工還繼續在上班啊？」

該公司主管說：**「我們這裡是沒有固定上下班時間的，當我們有產品要開發時，就是開始上班的時間；當產品結果研發出來時，就是下班時間了。」**

是的，該公司沒有絕對固定的上下班時間，但員工卻有「責任感、榮譽心、工作狂」——產品研發出來，就下班了！

所以，許多人埋怨，在工作中不受重視，只當跑腿、做雜事。

但是，要能改變心態，學習轉念——**「把跑腿當享受、把奮鬥當樂趣。」**

Motto
成功佳言

愈多的準備與演練，
就愈有可能碰上好運。

▲▲ 我是一隻暗光鳥，要把奮鬥當樂趣。

同時，也要信仰**「垃圾桶哲學——別人不要做的事，我撿來做！」**再加上每天工作十二小時、十四小時……知道嗎，或許這就是成功的關鍵！

前惠普科技執行長暨總裁菲奧莉納，曾應邀來台灣演講；四十六歲的她，曾連續兩年被《財星》雜誌評為「全美最有影響力的五十名女企業家」第一名。

菲奧莉納說，她每天不管幾點睡覺，總是「清晨四點起床」，然後餵鳥、跑步、思考、工作；因為，她認為清晨是思考的最佳時間。

「每天清晨四點起床，揭開一天工作的序幕。」天哪，這需要超人的毅力，也是「眾人皆睡我獨醒」啊！可是，正因菲奧莉納的堅定意志、自信謙遜、擅長溝通，所以在她四十六歲時，就被挖角成為惠普科技的總裁。

有人說：**「準備愈多、愈能成功。」**

的確，一個「眾人皆睡我獨醒」的人，他「看準目標、積極準備、執著

Motto
成功佳言
✔

成功之塔，
建於用心之磚。

理想、忠誠實踐」，則一定會比別人更能成功。

所以，**「成功之塔，建於用心之磚。」**

「用心」，是成功的不二法門。

「從心出發」，是通往成功的捷徑。

成功座右銘

「所謂好運，就是萬全的準備，碰到了大顯身手的機會。」

一個完美的表現，來自於努力不懈的準備；正如一個傑出的演員，他往往在事前已經花了好幾年的時間演練。所以，有些美其名為「即興演出」的表演，他們通常至少練習過一百遍，否則，不會有完美的即興表演。因此，「同樣的事做不到一百次，就不算是演技！」而且，「愈多的準備與演練，就愈有可能碰上好運。」

Motto
成功佳言

垃圾桶哲學——
別人不要做的事，我撿來做！

「經濟不景氣，淘汰不爭氣。」

其實，在經濟最不景氣時，照樣有人賺大錢，甚至賺得比景氣好時還多。我們不能認為，外在經濟不景氣時，自己就一定要蕭條、惆悵。不！我們絕不能讓自己「不景氣」，因為「經濟不景氣，淘汰不爭氣」！只要我們是「暗光鳥」、「把跑腿當享受」、「信仰垃圾桶哲學」……真的，絕對沒有不景氣的時候。

「不一定要拿博士，但一定要成為專家！」

博士，是一個高等的學位，也是一個極高的榮譽；但是，大部份人可能因家庭、經濟、工作等因素，而無法獲得博士學位。然而，沒有博士無所謂，重要的是，要使自己成為一名「專家」。只要在某一領域中成為「頂尖專家」，就像本文中的郭台銘先生一樣，就會受肯定、受敬重、受推崇。

Motto
成功佳言

用力，自己知道；
用心，別人知道。

人不冒險，枉為一生

最困難的時候，就是距離成功不遠了

哥倫布是憑著「信心」，才發現新大陸，
而不是憑著「航海圖」呀！
我們也是一樣，
必須有信心，才能做出一番事業，
因為，「自信心，是一切成就的起點！」

林義傑是世界知名的超級馬拉松運動員，也是一位極地冒險家，曾經跑過撒哈拉沙漠、大戈壁沙漠、亞馬遜叢林、南極冰原……也是「世界四大極地超級馬拉松巡迴賽」總冠軍。

二〇一一年四月，林義傑更由土耳其伊斯坦堡索菲亞大教堂出發，用一百五十天的時間，橫越土耳其、伊朗、土庫曼、烏茲別克、哈薩克，再進入中國，最後抵達西安，完成人類史上首見——以長跑方式橫越一萬公里「古絲綢之路」的壯舉。

當然，年輕時的林義傑，就已經展現了他長跑的耐力與毅力。

二〇〇〇年時，林義傑才二十三歲，是台北體育學院的學生，也是中長跑的選手。過去，他的成績並不突出，但是在台北國際二十四小時「超級馬拉松」比賽中，他憑著堅強的決心與毅力，跑完二十四小時，也跑出「二百二十公里」的佳績，勇奪冠軍，而逐漸嶄露頭角。

天啊，二百二十公里，大概是「從台北跑到員林」那麼長吧！平常在高速公路上開車，不塞車，也要開兩個多小時耶，他是怎麼做到的？

「我心中只有一個念頭，就是——不能輸給外籍選手！」林義傑在跑完漫長比賽、擊敗所有國際高手之後說。

他，從白天一直跑，跑到夜幕低垂、跑到月亮上升、跑到凌晨一點、兩點……

「我，快撐不下去了，腳跑不動了！」可是，他不斷地告訴自己：「我……我絕不能輸給外籍選手，絕不能輸給外國人……我一定要咬緊牙關、堅持下去！」

半夜後，氣溫急速下降，林義傑跑在寒冷的黑夜，全身起雞皮疙瘩，好涼、好冷；而且，腿已經發麻、痠痛，只能緩步走，幾乎跑不動了！看到受邀前來參賽、實力最強的俄羅斯選手扎巴洛夫，在跑了十三小時後，已經

Motto
成功佳言 ✔

風霜之後，柿子變紅、蘿蔔更甜，人生又何嘗不是如此？

受不了，退出了比賽，而我呢，要不要放棄？要不要退出？……

「不，不，我絕不放棄，絕不退出！」林義傑告訴自己。

清晨五、六點，天矇矇亮，晨曦慢慢照射出來，好累、好睏，好想睡覺哦！此時，隊友以熱毛巾為林義傑敷臉，讓他振奮精神，熬過最痛苦的難關！

跑了十六小時後，紐西蘭華裔女將胡穎兒追了上來，天哪，女孩子耶，居然追上我了。不，不，我除了不能輸給「外國人」之外，也不能輸給「女孩子」。想到這裡，林義傑用力抬起不聽話的雙腿，勇敢向前邁進；雖然大部份選手都面臨「失溫、脫水」現象，但「超級馬拉松」比的不就是「毅力、耐力與勇氣」嗎？跑啊，繼續跑，絕不能放棄！

撐到最後一小時，林義傑比胡穎兒多跑了三公里，才確定領先了所有選手。而在林義傑的提議下，胡穎兒與他在最後階段一起牽手跑了兩圈；因為，林義傑說，當時胡穎兒已有嘔吐的現象，他想與她一起共度難關。

最後，林義傑以二百二十公里，奪得男子組冠軍；而胡穎兒也以

Motto
成功佳言 ✔

只要不放棄希望，
就會有峰迴路轉的契機。

▲▲ 我要披星戴月，跑向終點，絕不放棄！

二百一十八點三七公里，戴上女子組后冠。

在〇〇七電影《縱橫天下》中，女主角蘇菲瑪索說了一句話：**「人不冒險，枉為一生。」**

的確，人生就是要冒險、要挑戰，否則真是枉為一生啊！

有個讀者說，他的座右銘是——**「自古成功靠勉強」**，所以，他每天都要「勉強自己」用心讀書、努力工作、傾聽別人說話……

我覺得，「勉強」兩字，用得比較含蓄些，假如改成「強迫」，或許會更具真實動感——**「自古成功靠強迫！」**

人就是要「勉強自己」、「強迫自己」，不能輕鬆、隨意度日；就像林義傑，年輕時強迫自己「跑完二十四小時」，才會有「擊敗所有國內外選手」、「勇奪超級馬拉松金牌」的美好紀錄，後來，也才能成為全世界知名的超級馬拉松的英雄人物。

Motto 成功佳言 ✔

自古成功靠勉強。

成功座右銘

「最困難的時候，就是距離成功不遠了。」

「風霜之後，柿子變紅、蘿蔔更甜，人生又何嘗不是如此？」人也是一樣，必須經過「挫折與風霜」；因為，挫折與風霜正是老天在磨練我們，只要我們「強迫自己」通過這些最困難的考驗，成功就離我們不遠了。

「我做不到啦——則永遠不會成功；我再試試看——則往往創造奇蹟！」

知道嗎，哥倫布是憑著「信心」才發現新大陸，而不是憑著「航海圖」呀！我們也是一樣，必須有信心，才能夠做出一番事業，因為，「自信心，是一切成就的起點。」所以，許多棒球專家都同意——「得分，總在二出局之後才開始。」只要不放棄信念與希望，再努力試試看，相信就一定會有峰迴路轉、起死回生的契機！

Motto
成功佳言

自信心，
是一切成就的起點。

「再多一點努力，就多一點成功！」

聽過「百分之一百二十哲學」嗎？就是「百分百的努力」之後，還要加上「百分之二十的勉強」。只要付出更多，回收自然會更大！所以：

失敗的人——什麼都不做；

一般的人——只做這一點；

成功的人——多做一點點；

頂尖的人——再多做一點。

成功是做出來的，不是憑想像的

勤奮是道路，苟安是懸崖和墳墓

許多人沉浸在過去輝煌的紀錄裡，

但，忘掉它吧！

因昨天是「已失效的支票」，

明天也可能是「無法兑現的支票」，

只有今天，才是「能掌握、可運用的現金」。

有一位高職校長，從事教育工作三十多年，總是充滿著服務熱忱。他從老師、組長、主任，直到擔任校長，不管是在何種職務與崗位，都全心全意地為學生付出心力。

這位校長幾乎每天都風雨無阻地第一個到達學校，親自站在教室門口或校門口迎接每一位學生到來，並主動地與學生們互道早安；學生與家長們對校長的舉動，都感到無比溫馨和感動。

但，對於那些「遲到」的學生，校長是怎麼處理的呢？這校長並沒有嚴厲指責，也沒有記過處罰，而是記下學生家裡的電話號碼；隔天清晨，校長就和藹親切地打電話到學生家裡，給學生一個「morning call」，叫醒學生不要再睡了、該起床囉，免得今天又遲到了。

就這樣，這校長天天在校園裡，親切地和學生們打招呼；而遇到一些頑皮、愛蹺課、不聽話的學生，校長也都會叫他們到辦公室，殷殷垂詢、諄諄誘導。

一位學生回憶，班上曾有一些貪玩、不用功的學生，那校長就到班上，

Motto
成功佳言
✔

只要我還沒闔上眼，
我的一天就還沒結束！

對同學精神講話說：**「……在人生路上，我都已經在戰鬥了，你們為什麼還不武裝起來？」**

是的，很多人都已經在戰鬥了，我們「武裝起來了」嗎？

我們必須隨時武裝自己，準備人生的戰鬥呀！

三軍總醫院眼科權威傅宙經大夫，唸高中時，是出了名的「不睡覺」；他用一句座右銘來激勵自己——

「別人一天有二十四小時，而我有三十六小時。」

「只要我還沒闔上眼，我的一天就還沒結束！」

傅宙經家中很窮，但身為老大的他，經常把飯菜分給弟、妹吃，自己只帶一個「空便當」到校；中午肚子餓時，只喝自來水來充飢。然而，困境並沒有打倒他，在不斷「武裝、戰鬥」之後，傅宙經已苦盡甘來，成為國內眼科權威醫師。

Motto
成功佳言
✔

「勤奮」是通往成功的道路，
「苟安、懶惰」是人一生中的不幸。

前些時候，看到報上一張美聯社傳送的照片——在美國緬因州的斯卡堡，有一隻四個月大、卻沒有後兩腳的黃金獵犬，但牠正拖著特製的輪子代步，勇敢前進。

這隻小狗在出生時，遭母親排斥，硬啃掉小狗兩條後腿的下半截；多虧主人疼惜，不但把小狗救活，還特地為牠打造「特製輪腳」，讓牠可以自由活動。

看到這隻「武裝」的小狗，雖然只有兩條腿、也沒爹娘疼愛，但，牠仍勇敢地拖著輪腳，為自己的生命不斷地「戰鬥」啊！

人，也是一樣，必須訂定自我目標——今天的目標、這星期的目標、這個月的目標、這學期的目標……

只要有目標、有行動，隨時武裝自己，才能突破自己，成為一個「造夢的人」。

Motto
成功佳言

成功是做出來的，
不是憑想像的。

成功座右銘

「世界上偉大的事情，都是由不舒服的人做出來的。」

在哈佛大學，有位受學生敬愛的教務長布立格斯，有一次問一學生，為什麼沒有按時交報告？那學生回答：「因為我昨天晚上人不舒服。」布立格斯告訴學生：「我想，有一天你會發現，世界上所有偉大的事情，都是由那些不舒服的人做出來的。」的確，人在舒服時，豈會吃力地、努力、揮汗地工作？有成就的事，豈不都是下定決心、辛勤努力掙來的？

「昨天是失效的支票，明天是未兌現的支票，今天才是現金！」

許多人沉浸在過去成功、輝煌的紀錄裡，但，忘掉它吧，因昨天是「已失效的支票」啊！而明天，如果不堅定地去追求，它也可能是「無法兌現的支票」。只有今天，才是我們「手上能掌握、運用的現金」。所以，人要

Motto 成功佳言

願上帝發現，
我正在非常努力地盡一己之責任。

武裝起來，只要還沒闔上眼，今天就還沒結束。

「勤奮是道路、苟安是懸崖、懶惰是墳墓！」

其實，「成功是做出來的，不是憑想像的。」所以，勤奮才是通往成功的道路，「苟安、懶惰」都永遠是人一生中的不幸啊！當然，生命中會有許多不如意，正如沒有雙腳的黃金獵犬，但牠仍要勇敢活下去。所以生命就像「努力試著畫一個圓」，結果圓不圓沒關係，但我們一定要全力以赴，盡可能地畫好它啊！所以，西洋有句格言說：「願上帝發現，我正在非常努力地盡一己之責任。」

奮鬥而來的生命，永遠是光榮的

人是為勝利而生，不是為失敗而生

生存，就是無止盡的挑戰，
我們豈可輕易投降、潰敗？
生活中，或許有「失望」，
但一定不能「絕望」，
總要滿懷「期望」、
而且，永不放棄「希望」！

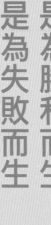

在咱們社會中，常看到一些青年男女，為了感情問題而割腕自殺，或跳樓尋短；可是，自殺能解決問題嗎？自殺成功也就算了，萬一自殺不成，變成半身不遂，甚至終身殘廢，不僅自己痛苦一生，更是讓家人帶來無限的傷痛。

有個女孩，因男友移情別戀、愛上別的女孩，就選擇喝農藥自殺；可是她自殺未遂而獲救，痛苦地抱著肚子在地上打滾、哀嚎，最後被送到醫院急救、灌腸，折騰半天才脫離險境。

女孩的老母得知消息，驚惶地趕到醫院，看到女兒一臉蒼白、毫無血色地躺在病床上，既難過又憤怒地對女兒大罵：「妳神經病啊，死什麼死？……妳為一個不愛妳的男人去死，值得嗎？」

的確，要死，也要死得值得，為了一個不愛我們的人去死，豈不是「天下第一大笨蛋」？

「人，是為勝利而生的，絕不是為失敗而生。」

「人，可以失敗，但不能被擊倒！」

Motto 成功佳言 ✔

人，是為勝利而生的，絕不是為失敗而生。

何況，為一個不愛我們的人去死，豈不是「徹徹底底地被擊倒」？所以，即使很多人都放棄我、或不愛我，沒關係，**我們仍舊要「愛自己到永遠」**！

以前，《讀者文摘》中文版報導了冉亮小姐「奮戰癌症」的事蹟，這也是該刊創刊三十五年來，第一次以台灣人為題材，做封面故事報導。

冉亮小姐原是中國時報派駐在華盛頓的記者，經常傳回許多精采的新聞或人物專訪的特稿，是一位極為優秀的記者，家庭生活也十分美滿。可是，在一九九四年時，她被醫生診斷出得了「乳癌」，並已進入了第三期。

冉亮說：「剛得知惡耗時，一股深沉的悲哀籠罩著我，不禁感嘆：平凡生活之於我，竟是如此難求？心裡千頭萬緒、思潮起伏，嘴上卻只是大悲無言……也曾向上帝哀哭，可不可以給我一個答案——一個人生的答案，好讓我對未來有所準備？然而，祂總是沉默無言。」

後來，冉亮女士不斷地與病魔搏鬥，一關關的治療，不容許她再感傷；

Motto 成功佳言 ✔

我永遠不知道明天還在不在，
但只要今天還活著，就要好好呼吸！

她先進行腹腔大手術，又做在胸前插管子的手術，以便進行化療；有時，醫生插管子沒插成功，換了第二位醫生才成功……。她已做了很多次化療，以後，還有漫長、無數的化療；而每次做完化療，她總是虛弱地躺在床上，看書、思考、流淚、領悟……

令我驚訝的是，平日翻閱中國時報時，竟也常看到她自華府傳真的新聞特寫或報導！哇，好一位「生命的勇者」——冉亮，她在癌症病榻上，竟如此敬業，猶不忘記她新聞記者的本分與天職。

冉亮說：「**因為軟弱，所以剛強。或許我的機會已不多，但我願更加細細品嚐這有愛的人生。**」

而病魔纏身的名作家杏林子也曾說道：「**我永遠不知道明天還在不在，但只要今天還活著，就要好好呼吸！**」

雖然，冉亮與杏林子兩位傑出女士，最後都因不敵病魔而離開人世，但

▲▲ 活著，就要好好呼吸，要滿懷希望喔！

她們的勇敢故事，也都告訴我們——人是為勝利而生的。生存，就是無止境的挑戰，我們豈可輕易投降、潰敗？

「有生命，一切才有希望啊！生命沒有了，一切不也都完了嗎？」

因此，**咱們生活中或許有「失望」，但一定不能「絕望」；我們總要滿懷「期望」，而且，永不放棄「希望」。**

成功座右銘

「不要以為還存在，就永遠不會失去。」

有時，人擁有健康的身體、美滿的家庭、巔峰的事業，可是這些存在，不表示永遠不會失去。因此，我們必須有「憂患意識」、也「珍惜現有」；因為，很可能現在存在的，有一天都會失去。健康失去了、美貌失去了、至親失去了……。不過，儘管如此，只要活著，就要好好呼吸、要滿懷期望！

Motto
成功佳言

人，可以失敗，但不能被擊倒！

「隨隨便便浪費的時間，再也不能贏回來！」

「人，總是要勵志千百遍，才能進步一點點；也總是要等到來不及，才知道不再有時間。」真的，我們常在不知不覺中浪費時間。有時為了感情的事，把生活搞得一團糟；有時為了貪玩、貪睡、得過且過，以致五年、十年過去了，沒有什麼成就。因此，對時間要吝嗇，不能沒代價地付出一分一秒；也不能讓一天過去，而沒有增加咱們的知識與智慧啊！

「成功，是優點的發揮；失敗，是缺點的累積！」

冉亮、杏林子……她們都曾在病榻上，但她們都不願被病魔打倒，而認真、敬業地工作；她們強韌的生命力、積極不懈的性格，使她們邁向成功。所以，「聰明勤奮的人，享受工作；愚癡懶散的人，逃避工作。」假若我們不勤勉，就不能成事啊！所以，「淚是酸的、血是紅的，但奮鬥來的生命，卻是光榮的！」

Motto 成功佳言 ✔

聰明勤奮的人，享受工作；愚癡懶散的人，逃避工作。

人生充滿希望，去做就對了

當你跌到谷底時，你只能往上，不能往下

當我一個人沒錢坐車，

孤零零地走兩三個小時的路去游泳時，

人家以為我是「白癡」，

但是，我相信——

「我流多少汗、走多少路，

老天爺都在算，祂絕不會辜負我的。」

蔡耀星，花蓮泰雅族人，因家境貧窮，國小畢業即當學徒。十六歲時，他在工作時因誤觸高壓電，傷勢非常嚴重，好幾家醫院都拒收，醫師也都搖頭說「沒救了」；後來輾轉進入了空軍醫院，才從死神手中搶回一條命；但，他的雙手全被截肢，也注定他往後一輩子都是「無臂殘障者」。

由四肢健全，一下子變成「無臂人」，真是青天霹靂。後來，父親車禍過世，母親改嫁，妹妹也遠嫁，他一人獨居多年，但生命還是要活下去。

沒有手，怎麼吃飯？蔡耀星看狗兒如何吃，就學狗兒一樣「直接用嘴吃飯」。

沒有手，怎麼穿衣服？他學會用嘴巴、用腳趾頭，慢慢將衣服套上。穿褲子呢？他利用樹木分叉的樹枝，勾住褲子，以利順勢起身、將褲子套上……

俗話說：「雙手萬能」，可是，他卻是「雙腳萬能」，舉凡洗頭、洗臉、刷牙、寫字、拿書、拿電話、梳頭、擦屁股……全都靠「雙腳」來完成；連洗米、煮飯、切菜、切肉，甚至用腳夾著鏟子炒菜，一「腳」的好功夫，真是神乎其技。

十年前的某一天，我開著車子，找到蔡耀星在花蓮的家。初見面時，我一陣震撼——看見「兩個無臂人」在我眼前。他說，另一人是呂曉文，也是意外雙手斷臂後，過來向他「拜師學習」的。

蔡耀星提議，帶我到太魯閣的「神秘谷」去看他游泳。太好了，我開車，三人一起去。可是，我心裡在想，他們沒有手，怎麼打開車門；此時，只見他們師徒兩人，一前一後，各自用「腳拇趾」拉開車門把，進入車內，再用「腳拇趾」將車門關上。天哪，腳趾頭竟是如此靈活，能用腳開車門。

在路上，我問蔡耀星：「現在哪些事情你比較沒辦法自己做？」

「嗯……剪腳指甲、拔鼻毛吧！」他想了想說道：「還有就是去辦事情，有時很麻煩，譬如，坐車給車票，要用嘴銜著車票；或是買火車票，那個櫃台那麼高，車票和找的錢我都拿不到，售票員的臉又很臭，叫我趕快把車票和錢拿走，可是我跟他說：『我沒有手啊！』」

聊著聊著，我們到了太魯閣神秘谷。哇，這潭中的水真是清澈見底啊！

Motto
成功佳言

怕滅頂，
就要努力往上爬！

「這裡就是我經常來練習游泳、跳水的地方；游泳，讓我恢復了自信！」在翠綠的山谷潭水旁，蔡耀星對我說：「我經常一個人從新城老家，一直走路，走兩、三個小時到這裡來游泳，也常獨自一個人在這裡過生日……**我可以大吼大叫、把這裡當成出氣筒。我不斷地跳水、游泳，把精力、體力、不快樂、痛苦、怨恨、不滿……全部埋進神秘谷的水底下。**」

蔡耀星很健談，也很開朗；他說：「我沒錢坐車、沒錢吃飯，我沒有手臂，一個人一直走，坐在車裡的人都一直看著我，看我像個『白癡』一樣；可是，我不管別人的眼光，我要不斷地鍛鍊我的體力和耐力，我要讓我的泳技愈來愈好！」

我看著沒有手的蔡耀星，自己竟神奇地用嘴脫下T恤，挺著身子，慢慢地爬上陡峭山壁。雨後，石壁上濕滑，他用空臂靠著石壁，以免整個人滑落水中。一步、一步往上爬，他站穩在岩石上，對著我喊：「好啦，我要跳了，

Motto
成功佳言

樂觀的人，從挫折中看到成功的契機；
悲觀的人，從挫折中看到失敗的來臨。

你仔細看哦！」

只見他無臂的身子，從岩石上一躍而下，有如「水中蛟龍」，在水中自在地游著。上岸後，他又緩步爬上濕滑的岩石，再次對我叫：「我要後空翻哦！」說時遲，那時快，他無臂的身子往後向上翻騰，再躍入潭中。

「我相信『念力』，我要堅定目標！雖然以前我靠養雞鴨、撿蝸牛為生，但是，**我還是天天訓練體力，在水中游、在路上走、在沙灘跑，我不管別人怎麼看我，但我要『為自己而活』。我希望有一天，能參加『殘障奧運會』，這是我最大的夢想。**」蔡耀星看著我，眼光也閃耀著盼望與美夢。

而說這「大話」的他，並不是隨便說說而已，因為，無師自通的他，早已在民國八十五年參加台灣區運會，成為蛙式五十、一百公尺，仰式五十公尺的金牌得主；八十七年和八十九年又獲得蛙式、仰式等多項金牌，也早就有「無臂蛙王」的封號。

「你知道嗎，我第一次在基隆參加區運會得到金牌時，全場觀眾響起熱烈的掌聲，好多記者湧過來採訪、拍照，把我嚇了一跳！」蔡耀星回憶道：「因為我以前沒碰過這種情形，那時候，我感覺自己像個小丑——一個站在舞台上獲得滿堂彩的小丑……」他想到他的坎坷與心酸。

「那時候會不會想哭？」

「會啊！當時，很激動，很多痛苦的思緒都湧上心頭，但也很有成就感！」蔡耀星微笑地說：「**那時我想到，我不是『廢人』，也不是『白癡』，我是一個『有用的人』**……當我一個人沒錢坐車，孤零零地走兩、三個小時到神秘谷或七星潭游泳時，人家以為我是『白癡』，但我相信，**『我流多少汗、走多少路，老天爺都在算，祂絕不會辜負我的！』**」

後來，在花蓮縣教育局陳素嬰老師的協助下，蔡耀星進入花崗國中就讀補校；他風雨無阻地上學，用腳打電腦、用腳捧書、用腳寫考卷，也用腳挺

Motto
成功佳言
✔

只要有決心、有鬥志、有幹勁，
就一定可以爬出一條生路來！

住自己多舛的人生。而在多場的學校演講中，蔡耀星告訴年輕學子們：

「人生充滿希望，去做就對了。」

「每天愁眉苦臉也是一天，還不如快快樂樂地過每一天。」

蔡耀星也曾在「炬光獎」頒獎典禮上，光榮地上台領獎。他沒有雙手，卻勇敢地從絕境中走出自我、挑戰逆境人生，成為「炬光十大傑出青年」。

蔡耀星也有人生的低潮，畢竟他失去雙手，在生活和職場上有太多的不方便；然而，他依然愈挫愈勇，把生命中一副極差的牌，打得令人刮目相看！這樣，「用腳改寫人生、游出生命金牌」的無臂蛙王，豈不教人敬佩？

成功座右銘

「不要看我失去什麼，只看我還擁有什麼？」

的確，有時我們可能會失去手腳、眼睛、父母、愛人……但是，我們不能一直想著「我失去什麼」，因為有些事，失而無法獲得；我們必須轉念，想想「我還擁有什麼」，而加以珍惜。您知道嗎，「樂觀的人，從挫折中看到成功的契機；悲觀的人，從挫折中看到失敗的來臨。」

「最壞，也只不過如此，天無絕人之路。」

就像蔡耀星，雙手失去了，但換個念頭：「最壞，也不會比現在更壞吧！」畢竟，「生活中的每個問題、挫折，都將豐富著我們的人生啊！」只要我們發憤圖強、愈挫愈勇，就一定可以走出昔日的陰霾，而看見令人雀躍的美麗彩虹啊！

「當你跌到谷底時，那正表示，你只能往上，不能往下！」

或許，我們會跌了一跤、掉落谷底，但，沒關係，我們還有一條路，就是「努力往上爬」；只要有決心、有鬥志、有幹勁，就一定可以爬出一條生路來！就像掉落池水中的人，「怕滅頂，就要努力往上爬！」

Motto
成功佳言

每天愁眉苦臉地過一天，
還不如快快樂樂地過每一天。

生命不像彩排，不能再次重來

生命這齣戲，自己就是導演兼演員

浪花，是因不斷地沖擊岩石，
才會見其美麗；
人生，若像平靜無波的池水，
將不會見其壯觀！
所以，「困難的背後，常有通往成功的階梯」，
我們不能不去嘗試啊！

有一個男人說：「當我還是小孩時，我好想趕快長大，做一個大人；唸初中時，我好想考上高中，想得要死……唸高中時，我好想考上大學，想得要死……大學畢業時，我好想找到一個好工作，想得要死……」

「後來，」這男人又說：「我好想交個女朋友、想結婚，想得要死……結婚後，又好想有個兒子、女兒，想得要死……有了小孩之後，又巴望小孩趕快長大，想得要死……。而我，上班二十多年，太久了、累了，好想趕快退休，想得要死……。現在，我……我真的快要死了……忽然間，我發覺，我……我這一生，忘了真正去活！」

也有一個男人，從小父親做小生意，常看盡客人的臉色，因此立志長大以後，一定要賺大錢，讓別人刮目相看。

這男人常研究手相書，上頭寫著：「手軟、朱紅色，大富大貴！」面相書上也寫道：「嘴闊唇紅，大富貴！」嘿，我不就是這樣的人嗎？這男人相信，他就是大富大貴的命，將來一定會賺大錢。因此，唸大學時，這男人不願當家教，因這是「小錢」嘛；退伍後，找了個工作，但其他兼差他也看不上眼，懶得做——「小錢嘛，我是要賺大錢的人耶！」

後來，認識中文系畢業的女友後，這男人常寫情書給她；而她，也常誇讚他的情書寫得很好，充滿感情、文詞雋永，可以多投稿，賺些稿費。可是他傲傲地說：「唉，稿費？這種小錢賺得也未免太慢了吧，我以後是賺大錢、大富大貴的人呀！」

「如今，」這男人說道：「經濟不景氣，我呢，我的年齡已經坐五望六了，現在三個小孩唸書都要錢，但我只有一棟兩百多萬的小公寓和幾十萬元的現金……我知道，我這一輩子，已經很難成為『大富大貴』的人家了！大富大貴，已與我的今生無緣了……」

我們希望在老年時，回憶的是怎樣的一生呢？我們是不是都無悔無憾

Motto 成功佳言

大富由天，小富由勤。

地「腳踏實地、真正過活」呢？

俗語說：「**大富由天，小富由勤。**」人必須活在當下，努力活出自己璀璨的生命啊！

事實上，每個人的每個階段，都有其意義與任務，我們必須記得——**「千萬別太懶惰，別休息得太早哦！」**

因為，**「人生即奮鬥，奮鬥即人生」**，休息得太早、輕看小事小錢、太快放棄自己的夢想……都可能讓自己在老年時，滿心遺憾！

曾在舊雜誌上看過一則署名「狄更森」所寫的隻字片語——

「要珍惜當下，把握住現在啊！

少年輕狂時，總以為來日方長，

然而轉瞬間，卻已青春不再。

所以，把握今朝吧！……」

是的，生命這齣戲，是我們「自編、自導、自演」的大戲，我們必須小心地主演。

Motto
成功佳言
✔

少年輕狂時，總以為來日方長，
然而轉瞬間，卻已青春不再。

因為，這齣戲，我們不可能NG、再重新來過；
因為，生命不像彩排、試錄，絕不能Take 2, Take 3，不斷重來啊！

成功座右銘

「當你停止嘗試時，就是失敗的時候。」

有時人的生活很平順，從唸書、交友、結婚、工作、退休都一帆風順，但，這生命夠豐富嗎？有積極奮鬥嗎？有發揮潛力嗎？會不會我們原有很多的「嘗試」機會，而我們未曾去挑戰呢？浪花，是因不斷地沖擊岩石，才會見其美麗；人生，若像平靜無波的池水，將不會見其壯觀。所以，「困難的背後，常有通往成功的階梯」，我們不能不去嘗試啊！

「勞苦加上甘心，等於享受！」

咱們生活中，經常是不盡如意，但也不會永遠挫敗；只要肯甘心地刻苦

Motto
成功佳言

困難的背後，
常有通往成功的階梯。

耐勞，有朝一日，必可嚐到「甜美享受」。然而，多少人平淡無心地過日子，回首一生，不夠努力、亦憾亦悔、慨嘆人已垂垂老矣，只將希望寄託於下一代……。真的，要告訴自己——「有一個自己願意投入一生去挑戰的目標，是幸福的。」而且，要甘心勞苦地去完成它。

「在人類競走決賽時，勝利不屬於健步如飛的運動家，而是屬於腳步永不停歇的人！」

在競走比賽時，不能用跑的，所以速度快如閃電的選手並不適合參加比賽，只有腳步不斷前進、永不停歇的人，才能得到冠冕！想想，我們是不是每天都在自我挑戰、不斷地邁開腳步向前進？還是健步如飛地衝刺一段後，就停下來了？在人生道路上，我們可以坐下來休息一會兒，但別忘了提醒自己——「我不能休息太久，我要趕快加緊腳步，向前邁進！」

Motto 成功佳言

有一個自己願意投入一生去挑戰的目標，是幸福的。

Part 4

要為成功找方法，不為失敗找藉口

- 心靈激情不再，就可能被打敗
- 我們不能樣樣順利，卻可以事事盡力
- 你愈瞧不起我，我愈要努力加油
- 寧可辛苦一陣子，不要辛苦一輩子
- 想法的大小，決定成就的大小
- 把事業做好，比做大還重要

成功不是靠「夢想」，而是靠「實踐」

心靈激情不再，就可能被打敗

凡事不要說「我不會」或「不可能」，
因為你根本還沒有去做。
人必須從「做中學」，
一邊做，就能一邊學得更精、更好！

有個五十歲的老太太，在一次聚會中，聽到有個小女孩用長笛吹奏了一首〈奇異恩典〉的曲子；哇，旋律好優美哦，尤其是小女孩的長髮飄逸，而她吹奏長笛時的投入神韻，真是令人陶醉！老太太當時就幻想著——有一天，我也要在許多朋友面前，以很優雅的姿勢，吹奏著〈奇異恩典〉，與大家分享。

一天，老太太終於鼓起勇氣，向一位朋友請教：「對不起哦，像我已經五十歲了，還可以學長笛嗎？」

「當然可以啊！只要妳願意，還有什麼問題？」朋友給她一個振奮的鼓勵，於是，老太太決定為她的下半生，做一件自己想做的事。

後來，老太太經朋友介紹，到樂器行買了一支兩萬多元的長笛，也正式拜師學藝。剛開始，先學「運氣」，再學吹「單音」、「短音」、「長音」……噢，知道嗎，老太太吹得頭好暈，兩手也因一直撐著金屬長笛而覺得好痠，嘴巴也好痠。

長笛貴，教笛老師的鐘點費也不便宜，一小時要一千五百元。可是，老太太心想——這是我的選擇，也是我的興趣，尤其在「生命的空巢期」，選樣自己喜歡的事做，就盡力去做吧！

雖然剛開始時吹得很難聽，像快被殺的鴨子在叫，但想到再過不久，就能在朋友面前吹奏〈奇異恩典〉，老太太感覺好快樂、好開心哦！況且，有些人「七十才開始學打鼓」，我「五十就學吹長笛」，有什麼不可以？

後來，一年過去了，這老太太已經可以優雅地站在台上，挽起頭髮，穿著旗袍，在教堂中吹奏聖樂了。

我認識一位經理說，有一陣子他很想學「太極拳」，因為他常看到別人身體很柔軟地施展身手，左推右擺、輕柔地運功，就好羨慕，真是美極了！

於是，這經理一清早就到他家附近的公園，去看一群人在那兒打太極拳！可是，「太糗了吧，人家打得那麼好，我一竅不通、根本不會打，怎麼跟他們學呢？」這經理心生猶豫，也覺得不好意思，就只有站在一旁觀看。

Motto
成功佳言 ✔

凡事不要說「我不會」或「不可能」，因為你根本還沒有去做。

▲▲ 她吹長笛的樣子好美，有一天我也要像她一樣！

這經理對我說：「就這樣，我每次到公園去，都只有站在旁邊看，看了三年，其他人都已經『出國比賽、拿冠軍回來』，而我到今天，還是不會打太極拳！」

真的，**站在旁邊看人打太極拳，看了三年、五年、十年，一樣還是不會打。然而，任何事不也都是如此？「只有看、不動手學」，永遠都學不會。**

因此，**「凡事不要說『我不會』或『不可能』，因為你根本還沒有去做。」**

人必須從「做中學」，一邊做，就能一邊學得更精、更好！

泰戈爾曾說：「激情，是鼓滿船帆的風，沒有風，帆船就無法航行。」

的確，人都必須「充滿激情」，讓人生的帆船有「鼓滿的風」，航向浩瀚大海。

其實，人到了四十、五十、六十都永不嫌晚，只怕「激情不再」！因為，沒有人可以打敗我們，但，「當心中激情不再時，我們就可能被自己打敗」。

Motto
成功佳言

激情，是鼓滿船帆的風，
沒有風，帆船就無法航行。

成功座右銘

「成功不是靠夢想和希望，而是靠努力和實踐。」

我常故意告訴學生：「寫下來，『人類因夢想而偉大』這句話是不正確的！為什麼？因為，若只是『空有夢想』，並不會讓我們偉大！人，必須『堅持實踐夢想』才偉大！」不是嗎？多少人空有夢想和希望，就像「夢想會打太極拳」一樣，若只是想，而不親自去學、去實踐，十年、二十年過去了，依然不會打呀！所以——「成功是做出來，不是想出來的啊！」

「撒種時，你只須站著；收割時，你必須彎腰。」

撒種，比較簡單，只須站著將種子撒出去；但，要想有豐飽五穀的收成，人就必須在陽光下、田地裡，彎著腰、低著頭、流著汗，辛勤地收割。所以，「彎腰、勞力、流汗」是收成的必要條件。只有站立不動、空有熱忱與抱負，

Motto
成功佳言

世界上沒有做不到的事，只有不去做的人；
沒有不能馬上開始的事，只有缺少立刻去做的決心。

並無法成就大事啊！

「不能下定決心今天就開始的事，常常就沒有開始的一天！」

真的，「世界上沒有做不到的事，只有不去做的人；沒有不能馬上開始的事，只有缺少立刻去做的決心。」我們或許有很多崇高的目標和理想，但請記得——除非我們今天就開始去做，否則可能什麼也不會實現。因此，不妨勇敢地告訴自己：「人生就像一個戲劇舞台，今宵由我擔綱演出，我是主角，我一定要賣力演出，一定要使觀眾鼓掌叫好、掌聲如雷！」

Motto 成功佳言

當心中激情不再時，我們就可能被自己打敗。

失敗是暫時的繞道，不是死胡同

我們不能樣樣順利，卻可以事事盡力

失意人，看背影就可以知道；
得意人，聽腳步聲就可以知道。
然而，
「得意時，不可說驕傲話；
失意時，不可做激憤語！」

曾在報上看過一位丘老師說，他對機械操作十分笨拙，也不懂電腦；五十歲那年，學校大力推行行政電腦化，學生的測驗成績、個人資料都必須輸入電腦存檔……

一向是「電腦白癡」的丘老師年紀大了，心中充滿壓力與焦慮，也對學生們承認「他與電腦合不來」。學生們見老師如此苦惱，就安慰老師，他們會找「電腦高手」的學生來幫忙輸入成績。

下課後，回辦公室，一女孩害羞地走到丘老師旁邊說，她很想幫忙老師把學生成績輸入電腦。

「妳的電腦輸入很棒嗎？」丘老師問。

「不，我很笨，我不是電腦高手，我的輸入速度很慢，常被同學嘲笑！」這女孩紅著臉說：「老師，我家裡很窮，買不起電腦來練習，所以如果老師不嫌棄，願意讓我輸入成績，或許時間會拖得比較長，但對我來說，會是一個很好的練習機會。」

丘老師一聽，愣了一下──沒有「電腦高手」來幫忙，卻來了一個自稱

Motto 成功佳言 ✔

做事不僅是要做「完」，而且要做得「完美」。

是「電腦笨手」的女孩……可是，要說「不」嗎？丘老師看著她殷切渴望、虛心熱誠的眼睛，想了三秒鐘，改變心意，點了點頭。

第二天開始，這「電腦笨手」每天放學後，就到丘老師辦公室，仔細地按照成績分數，一一輸入電腦；她，動作慢，但心情愉快，滿臉喜悅。

丘老師不懂電腦，但他估計，這女孩的打字速度，大概比別人多花三倍的時間吧！一連工作三天，終於聽到那女孩興高采烈地說：「老師，都做好了！」女孩高興地將一份列印好的各班成績表，用雙手恭敬地交給老師。

丘老師被這女孩「勇氣、主動、認真」的精神所感動，真的，這種學生愈來愈少了。或許，現在有許多「電腦高手」的學生，他們很聰明、電腦很棒，但幫老師做事必須「計較工讀金」，以鐘點計費，工作量還不能太多呢！

俗語說：「一個人的快樂，不是因為他擁有的多，而是因為他計較的少。」

Motto
成功佳言

一個人的快樂，不是因為他擁有的多，
而是因為他計較的少。

的確，「計較的少」比「擁有的多」更快樂；人，不能被「功利」蒙蔽了眼。

多年前，我曾對一女學生說：「今天晚上有一場不錯的演講，妳要不要去聽？如果妳願意的話，妳一邊聽、一邊努力做筆記，而且，妳『今天晚上』要立刻把演講的重點，寫成一篇特稿，全部用電腦打出來，明天早上拿來給我，我幫妳批改……但是，這沒有工讀金，這是為妳自己而做，妳可能不能睡覺、要漏夜做好，妳願不願意？」

她，想了想，說「好」！

隔天一早，她紅著眼睛、沒睡覺，將打好字的演講重點新聞稿交給我。真的，我深受感動，也相信，她將是個經得起挑戰的學生。果然，她在即將畢業前，就獲得一份很不錯的傳播媒體工作。

達文西說：「如果，今天我很努力地學習、過得很充實，則我晚上將睡得很安穩；如果，我一生都很努力、充實地過活，則我將能安穩地長眠。」

是的，我們要「努力地過每一天」，而且告訴自己：

Motto
成功佳言
✔

不在乎挫折失利，
只在乎曾經努力、事事盡力。

「或許我笨拙，但沒關係，我寧願走得比別人慢，也不願跟著別人盲目地趕路。」

成功座右銘

「不一定要做最大的，但要做最好的。」

在工作上、職務上，我們或許不是最大的職位，但沒關係，只要我們盡最大的努力，表現出最好的成績即可。所以，我們可以試著——「每天都要比你自以為能做的，再多做一點」。就因為再多做一點，可能就比別人更好！因此，我也告訴學生——「做事不僅是要做『完』，而且要做得『完美』。」

「我們不能樣樣順利，卻可以事事盡力。」

人，很少第一次就成功的；人，總是在失敗中學習。所以，有人失意，

Motto 成功佳言

得意時，不可說驕傲話；
失意時，也不可做激憤語。

看背影就可以知道；有人得意，聽腳步聲就可以知道。然而，「得意時，不可說驕傲話；失意時，也不可做激憤語。」因為時間的巨輪不斷轉動，原本高高在上者，會到下面來；原本在下面者，也可能爬到高處去。因此，「不在乎挫折失利，只在乎曾經努力、事事盡力。」

「我寧願先失敗再成功，不要先成功再失敗。」

每個人都會有挫折、跌倒，但想想，「如果我們的人生一切都順利，我們會有機會改變嗎？」許多自我提升、自我超越、不斷進步，不都是跌倒以後、站起來，才做的步伐調整？因此，「失敗是暫時的繞道，不是死胡同；是耽擱，不是毀滅。」我們寧可先失敗再成功，多美！先成功再失敗，多慘！

事忙心不忙，人非我不非

你愈瞧不起我，我愈要努力加油

很多人一生中，
平淡無奇的過日子，
因為他們「願很小，志不堅」，
一日虛度一日。
知道嗎，這是患了一種「生命貧血症」！

在咱們的教育中，小學一年級就被老師「留級」，是一件不可思議的事，但賴建名卻是個這樣的人。從小，賴建名即患有「重度弱視」，看不見黑板與書本的字，然而忙於農耕的父母卻不知情，連老師也以為他智商有問題，所以在留級一年後，再把他送到啟智班去。

那時，賴建名飽受同學、親友的嘲諷，有時連老師也罵他是「瞎子」、「笨死了」、「沒用」……讓他的心情很不平衡、眼淚直往肚子裡流！他的視力，只有「〇·〇一」，眼外的世界是模模糊糊，而內心的世界更是淒風苦雨、慘白至極。

到了小學四年級，賴建名遇見一位啟明學校老師，就為他轉學到「啟明學校」。在那兒，賴建名受到老師的啟發，也學會了點字；從此，他的成績突飛猛進，從原來老是不及格，一躍變成「全校第一名」的高材生。那時起，賴建名下定決心——雖然他眼睛看不見，但他一定要突破眼睛障礙、用功唸書。

「我在啟明學校唸到高職時，才想到，我還有殘餘視力，或許還可以看

Motto 成功佳言 ✔ **事忙心不忙，人非我不非。**

得到字。後來，朋友幫我買了放大鏡，我才慢慢捕捉到文字的形狀，才有文字的概念。」一坐在桌前，賴建名告訴我：「可是放大鏡的倍數不夠，所以我買了兩個放大鏡，再把兩個鏡片併疊在一起，才可以看得到字。」

儘管學習是如此困難，看書必須用放大鏡、一字一字看著，但這挫折卻沒有將賴建名擊倒，他的內心仍燃燒著信心的火焰，一心一意準備報考大學。

一次聯考失敗，第二次再來。他，沒有進過補習班，因補習班不會為視障生開特別班。不過，在他努力苦讀後，終於考上「清華大學外文系」。

然而，唸了清華外文，只是新困難的開始；因上課時，他看不見黑板字跡，他帶電腦、點字機，也將老師上課內容錄音，再回去慢慢整理。而老師指定的教科書，也沒有點字，他必須請同學將課本上的內容唸給他聽，他再——打成「點字教科書」。真的，這樣的唸書速度很慢，自己也好辛苦、好累哦！

而且，有些外系的教授，常以異樣的眼光來質疑視障生的能力，甚至無

Motto
成功佳言
✔

千萬別讓過去的悲傷、痛苦或嘲諷，成為心中不敢碰觸的黑暗禁忌。

法以「愛心和耐心」來體諒視障生。

有一次期末考，賴建名將答案打在「點字紙」上，授課老師不悅地說：「我看不懂點字啊！」賴建名對老師說：「那我可以把答案唸給您聽！」「不，我很忙，沒時間聽。」「老師，那我可不可以自己唸答案，請同學代筆？」「不，這不客觀，我怎麼知道答案是你的或同學的意思？」「老師，不然，我可以把答案錄在錄音帶裡給您聽。」「不，我怎麼知道同學會不會偷偷幫你忙？」……

後來，在一番折騰與折衷後，老師把賴建名關在空教室裡，要他獨自錄音作答。

從大一到大四，賴建名一步步、一科科地熬了過來；他很自豪地說，他不蹺課，成績也「all pass」，沒有一科被當掉，光榮地從清華大學外文系畢業。後來，他在新竹市建功國中擔任英文實習老師，指導學生學好英文。

▲▲ 放大鏡是我的好夥伴，陪我遨遊書海，迎接挑戰！

「您在教學上有什麼困難？如何克服呢？」我問。

「因為我看不太清楚，所以必須準備很多『圖卡與字卡』，來吸引學生的學習興趣，我只有將 key words 寫在黑板上。雖然我花在準備教材的時間很多，但我知道，自己的不方便，自己要去克服，我一定要做到『和其他老師一樣的教學品質』。」在學校的輔導室裡，賴建名信心滿滿地對我說。

由於賴建名視覺有障礙，教學稍受影響，但也有許多學生反應：「老師，您怎麼那麼認真，做那麼多有趣的圖卡給我們看。」也有學生說：「老師的眼睛幾乎看不見，但都可以唸到清華外文系、當老師，我們以後也絕不能輸給老師！」

賴建名的老家在嘉義水上鄉，他說：**「小時候，家鄉幾乎沒有人肯定我，但我就是不認輸、不屈服、不願被定位是個『瞎子』，我一定要做給別人看！我不要只學按摩、算命、或待在家裡被家人養……雖然，一路走來，有很多**

Motto
成功佳言

生命不要求我們成為最好的，只要求我們盡最大的努力。

嘲笑和歧視，但我要感謝嘲笑我的人，讓我更加堅定信心地往前走！」

在實習結束後，賴建名必須接受另一個更大的挑戰——「教師甄試」！各校對英文教師的甄選都很嚴格，也都要考筆試，所以賴建名說：「我又要費很多口舌去跟各校溝通，讓他們准許我參加考試**！……我知道，別人因為不了解我，可能會拒絕我，而且『否定會比肯定多、負面會比正面多』；不過，我一定會更勇敢地接受挑戰！」**

成功座右銘

「你愈瞧不起我，我愈要努力加油！」

人要提高自己的「尊嚴指數」，千萬別讓過去的悲傷、痛苦或嘲諷，成為心中不敢碰觸的黑暗禁忌。所以，愈是堅強、豁達，尊嚴指數愈高；當你愈瞧不起我，儘管我殘障、缺陷，但我更要打出一片天！

Motto
成功佳言

願很小、志不堅，虛度光陰的人，就患了「生命貧血症」。

「對別人不要太計較，對自己要好好計較！」

真的，我們無法要求別人一定要對我們好，就像賴建名，也碰到一些無法體諒視障生的教授；但對別人不必埋怨、不要計較，只要對自己好好的計較，看看自己每天是否努力學習？是否盡心盡力？因為西洋哲人說——「生命不要求我們成為最好的，只要求我們盡最大的努力。」(Life doesn't require that we be the best, only that we try our best.)

「願要大、志要堅、氣要柔、心要細。」

很多人一生中，平淡無奇地過日子，因為他們「願很小、志不堅」，一日虛度一日。知道嗎，這是患了一種病，叫做「生命貧血症」。有時，我們紅光滿面、身強力壯，但也可能患了「生命貧血症」啊！所以，咱們生活中，一定要「有夢、有願」，要「堅定志向、心細氣柔」，要「事忙心不忙，人非我不非」。如此，則身心自在，永保年輕！

生機，往往會在絕望時出現

寧可辛苦一陣子，不要辛苦一輩子

人生起起伏伏，有好有壞，
但且讓我們記得——
「最好的時候，有最壞的打算；
最壞的時候，更要抱持最大的希望。」

根據外電報導，美國奧克拉荷馬市一家醫院，在幾個月之間，共有十六名新生兒陸續夭折。院方發現情況不妙，怎麼新生兒在加護病房內的死亡率，以每個月「多一人」的速度漸增？

經過院方調查後發現，十六名新生兒都死亡於同樣的「綠膿桿菌」；而該院兩名護士的指甲過長，指甲內也都藏有這些細菌。所以調查報告指出，**護士人員「指甲太長、藏細菌、且護理嬰兒前後不洗手」，是十六名新生兒夭折的主因。**後來，院方禁止護士留長指甲，就不再有新生兒死於細菌感染的案例了。

看到這新聞，心中十分震撼——指甲太長、沒清洗乾淨，竟使十六名新生兒死亡。而我們的內心，會不會也有什麼「細菌」，不斷地啃蝕、吞噬我們的心靈，但我們毫不自知呢？

其實，每個人的**「心靈細菌」**有很多，如自暴自棄、一蹶不振、好逸惡勞、得過且過、敷衍了事、朝三暮四、好高騖遠……

的確，有些人勇敢地打敗了這些「心靈細菌」，免疫了，但是有些人則

Motto
成功佳言
✔

觀念改變、行動改變，命運就能改變。

正被這些細菌慢慢腐蝕著。

曾有一年輕人林宜群，早年從警備學校情報系畢業，任一段軍職後，即退役另找工作；他，曾窮困潦倒，全身只剩下新台幣十三元，隻身在台北街頭流浪三天，每天只靠「喝白開水」過日子。

後來，他找到了一個工作，可是厄運之神竟緊盯著他，因他任職的公司老闆捲款潛逃，害他揹負了「四百多萬的債款」。

怎麼辦？生活怎麼過？林宜群想到，流浪台北街頭三天的日子「只喝白開水」；真的，「有水喝真好、真甘甜！」於是他決心以「賣水」來過活，盼望以販賣「純淨飲水」為事業，努力打拚。

林宜群陸續償還債務後，以「賣水加盟」方式，經營「大亞純活水」，幾年下來，一躍成為台灣最大的飲水連鎖公司。他以行動和勇氣戰勝挫折，打敗「心靈細菌」，從一個走投無路、喝水度日的窮小子，搖身變成「賣水

Motto 成功佳言 ✔

堅持自己想要的東西，
也用生命來交換。

成功的大富翁」。他曾經感慨地說：「如果沒有那三天的落魄，可能就沒有今日的大亞純活水！」

行銷學上有一句話：「You cannot be No.1 in everything, but you must be No.1 in something.」

人，必須有「信念」，因信念一旦成為確切的「目標或信仰」，人的成就將無可限量，也將可以成為「No.1 in something」。

所以，**「觀念改變、行動改變，命運就能改變！」**命運真的是掌握在自己手中。

雖然，人生起起伏伏、有好有壞，但且讓我們記得——**「最好的時候，要有最壞的打算；最壞的時候，更要抱持最大的希望。」**

許多人都看過梵谷的畫，而梵谷有個哲學——**「堅持自己想要的東西，也用生命來交換。」**

▲▲ 只有白開水喝的日子，才知道有水喝真好！

是的，人要堅持信念、打敗心靈細菌，用生命來交換一生的成就。

成功座右銘

「寧可辛苦一陣子，不要辛苦一輩子。」

或許我們家境清寒，但沒關係，人要有骨氣，只能辛苦一陣子，絕不能辛苦一輩子。想想，潦倒一輩子多麼可悲啊！所以，我們必須立刻「為成功找方法，不為失敗找藉口」，趕快與積極的人在一起，學習他人的成功態度，也確信，「別人能，我也一定能！」

「老是吹號角的人，不是真正的獵人。」

有些人，話很多、愛吹噓，但就是不會做；就像「四兩人，講半斤話」，說的大話，永遠比做的事多得多！然而，真正的獵人是不吹號角的，他必

Motto 成功佳言

為成功找方法，不為失敗找藉口。

須靜靜地觀察四周、抓住時機、當機立斷，立刻「射出一箭」或「開出一槍」，才能獲得獵物。所以，「多讀兩本書，少說一句話；多做三件事，少嫌一個人。」

「敢先不要臉，就會有頭有臉！」

人，或許失去了一切，一無所有，但別灰心，「因你仍擁有未來」。只要敢除去「面子主義」，主動地請教別人、拜託別人、或請求別人幫忙，則「生機，往往會在絕望時出現」。所以，苦難環境，是出人頭地的良機；暫時拋棄面子與羞怯，積極主動踏出一步，將來一定會改變命運，變成「有頭有臉」啊！

Motto 成功佳言

多讀兩本書，少說一句話；多做三件事，少嫌一個人。

我要往壓力最大的地方走

想法的大小，決定成就的大小

母雞要孵蛋，
才能使小雞破殼而出；
人也要「孵夢」，
才能使夢想實現，
因此，「成功，從孵夢開始。」

以前，曾在雜誌上看過一位「頂尖房屋推銷員」的故事——

林昌興，畢業於文化大學企管系；當兵時，他自願加入陸軍獨立旅的特戰單位「空軍特降部隊」。為什麼要加入被視為最苦、最難捱、人人避之唯恐不及的「魔鬼部隊」呢？同袍們也都覺得很奇怪，可是林昌興說：「在台灣，只有這支部隊才能跳傘，我如果不加入，退伍以後就沒有機會了。」

林昌興從魔鬼部隊退役後，原本可進入父親開設的「造景園藝工程公司」，輕鬆愉快地當個「小開」；然而，他卻選擇了「信義房屋」，當個沒有背景、沒靠山的房屋仲介員。

當仲介員、賣房子，是個很辛苦的工作，有時要挨家挨戶按電鈴，找尋是否有人要代售房屋；而林昌興說，他以前從未做過這種事，一開始，他不敢按電鈴，手指甚至還「不斷發抖」。而當他鼓起最大勇氣，按了電鈴，換來的卻是「開門人的一頓白眼和臭罵」。不過，**被罵，不意外；罵多了，也就習慣、麻痺了，最重要的是——「一定要繼續按下一家的電鈴！」**林昌興如此說。

許多與林昌興同期進公司的同事，都在「遭白眼、被臭罵」的挫折下，陸續離職了；可是林昌興依舊不願放棄，因為他的抉擇與堅持是——

「我要往壓力最大的地方走！」

「我一定要有抗壓力，一定要當個Top Sales。」

此外，林昌興還有個優點，就是**「拾荒精神」**。何謂「拾荒精神」？就是地點太遠、沒利潤可圖、別人不願意接的案子，林昌興都接下來了。所以，雖然他的責任區在台北市，但他還主動越區跑到基隆、新竹、台中等地接售屋案子。

就這樣，林昌興在短短一年內，從試用生、正式生、業務員、一級主任，爬到「高級主任」的位置；如此的升遷速度，一般的仲介員大約要花四、五年才可能達成啊！然而當時二十八歲的林昌興，卻憑著「信心與勇氣」，不斷地「往壓力最大的地方走」，而在經濟不景氣，房仲業一片愁雲慘霧之

Motto 成功佳言 ✔

害怕面對問題與困難，就不會成功。

際，竟獨自創下一年內售屋總金額「四億元」的歷史紀錄。

林昌興不但打破信義房屋「超級業務員」最低年齡的紀錄，也連續五個月獲得「百萬經紀人獎」；而他今年的目標是，年收入七百萬元。

看了林昌興的故事，讓我想起了一句話——

「一個人『想法的大小』，決定『成就的大小』。」

有些人「安逸、悠閒」地過日子，但有些人則選擇「往壓力最大的地方走」。林昌興不願安逸、悠閒，也不願平凡；他，要不凡、要挑戰自己、要創造自己的一片天。而他的「想法與理想」，一直鞭策他、督促他，使他達到「不凡的成就」！

因此，讓我們告訴自己——

「沒有失敗，只有放棄！」

「害怕面對問題與困難，就不會成功！」

Motto 成功佳言 ✔

一個人「想法的大小」，決定「成就的大小」。

成功座右銘

「成功，從孵夢開始！」

母雞要「孵蛋」，才能使小雞破殼而出；人也要不斷地「孵夢」，才能使夢想從零到有，像孵蛋一樣，讓小雞破殼而出。林昌興堅持自己理想，也往壓力最大的地方走，他有當個「頂尖業務員」的夢想，不斷努力孵夢，才能成功啊！人若沒有夢想，也沒有給自己壓力，怎能成功？

「大水沒有波浪，無以見其雄勁；人生沒有波濤，也只見其平庸而已。」

其實，「挫敗為學習之母」，生命中的每個瓶頸、挫折、失敗，都是我們學習的最好機會。但是，平順無奇的人生，沒有啥可誇耀的，唯有走過大風大浪、不向失敗屈服，才是一個光榮的贏家！

Motto 成功佳言

要當個謙遜的「紅牌」，才會令人尊敬和喜愛。

「要當紅牌，不當大牌！」

大牌的人，講排場、好面子、要伺候、爭排名……而且，脾氣高傲、目中無人。大牌的人，若不謙卑自己、充實自己，只享受虛誇的光環與掌聲，很可能不久就銷聲匿跡。相反地，當個謙遜、有實力的「紅牌」，才會令人尊敬和喜愛。

Motto
成功佳言

唯有走過大風大浪、不向失敗屈服，才是光榮的贏家！

學習，是變動時代中的最大資產

把事業做好，比做大還重要

假若「老闆」的觀念不改，
常成為企業成功的最大阻力；
人也是一樣，
如果自己的觀念、做法、或壞習慣不改，
也常會是自己成功的最大阻力啊！

許多企業老闆流行到大學裡上「EMBA」（高階主管企管碩士班）的課程，桂冠企業董事長王正一就是其中之一。

「桂冠」是咱們社會中家喻戶曉的冷凍食品品牌，當個董事長應該可以享享清福；可是，在當年五十九歲的王正一卻不這麼認為，因近二、三年來社會變化太快，什麼事情都扯到「e」，所以他下定決心重當學生，報考政大商學院的EMBA課程。

王正一原本擔心自己考不上，但畢業於東吳外文系的他，英文頂呱呱，更有豐富的實務經驗，所以，政大管理學院破格錄取他這「近六十歲的高齡學生」。

當了學生後，王正一即認真上課、交作業，即使工作再忙碌，還是始終如一，盡力做好學生的本分。

有一次王正一人在上海，他本來不會上網，也不會打電腦，可是一時之間也找不到人幫他打報告，只好自己坐在電腦前一個字一個字敲；他花了四個晚上，才打出一份兩頁的「創業計劃報告」，再用電子郵件傳送給政大的教授。

另有一次，王正一要到日本參觀訪問，出國前一天，才赫然發現，隔天要交一份報告。怎麼辦？沒有秘書、助理打字，他只好熬夜到凌晨兩點，硬是把報告打出來，才放心出國。

後來，王正一董事長也要求一起經營企業的弟弟去上EMBA，雖然桂冠企業已經是極有名的品牌，但是，王正一謙虛地說：**「把事業做好，比做大還重要！」**

另外一位大老闆——冠德建設董事長馬玉山，在他六十六歲時成為台大EMBA「最老的學生」。

「冠德」建設也是台灣建築業界極響亮的品牌，但為了能夠追上e時代的腳步，馬玉山董事長願意放棄逍遙、優渥的生活，而重新回到校園，當個課業壓力很大的台大學生。

馬玉山原是軍校出身，二十六歲時就是留美軍官，英文能力非常棒，在報考台大EMBA的口試時，教授問他：「你要用國語或英語回答？」馬玉山說：「Either way.」於是，口試就以英語進行。

考上台大後，馬玉山推掉晚上所有應酬，以便空出更多的時間準備功課。馬玉山說，他上課從來不缺席，也不在課堂上打瞌睡；對年紀不小的他來說，上課不是為了「文憑」，而是為了「獲得新知」，也為了「知其所以然」。

同時，馬玉山董事長也說：「其實，做電子商務，最大的障礙是『老闆』，第二障礙還是『老闆』；老闆的觀念及做法如不配合調整或改變，往往是最大阻力。」

可不是嗎？**「老闆」若觀念不改，常成為企業成功的最大阻力。人也是一樣，如果「自己」的觀念、做法、或壞習慣不改，也常會是自**

Motto
成功佳言

成功的關鍵在於——
「信心、勇氣、毅力、堅持」。

己成功的最大阻力啊！

「人生，是需要投資的。」

看到那些大老闆，在事業有成時，還不斷「學習、進修」，不斷「投資自己的生命」，是多麼令人感動、敬佩啊！

有個伐木工人，辛苦地砍樹長達三個小時，汗流浹背，卻砍不斷「大樹幹」；有人勸他：「你怎麼不稍微休息，先把斧頭拿去磨鋒利一些再來砍樹呢？」

伐木工人搖頭說：「我砍樹都來不及了，哪裡還有什麼時間去磨利斧頭呢？」

我常會問自己，也問我的學生：**「你要先磨利斧頭呢，還是要用鈍斧猛砍樹？……」**

Motto 成功佳言

斧頭雖小，
但也能將堅硬的橡樹砍倒。

▲▲ 我要先磨利斧頭，還是要用鈍斧猛砍樹？……

成功座右銘

「學習，是變動時代中的最大資產。」

時代不斷地在變，現在是e世代，但不久之後，不知道會變成什麼世代？不過，「成功來自不斷學習」，就像王正一、馬玉山兩位先生一樣，即使已經是大老闆了，但仍不放棄學習，以追上時代的腳步。所以，套句台語的廣告詞——「明天的氣力，我們是不是『傳便便』了？」我們要持續學習、充電，使自己有力氣，以迎接明天的挑戰！

「生命的要務不是超越別人，而是超越自己。」

有個西洋哲人說；「對我而言，老年永遠是五十年以後的事。」我們的心態必須隨時保持積極與昂揚，天天學習新知；我們不能太早說老，而不再去磨利咱們「人生的斧頭」。只要我們不斷地超越自己，磨利「人生的斧

Motto 成功佳言

自我的人生，是需要用心投資和經營的。

頭」，則斧頭雖小，卻也能將一棵最堅硬的橡樹砍倒！

「願有多大，力就有多大！」

這句證嚴法師的話，簡潔有力，它告訴我們，只要「有心願、有夢想、有方向、有堅持」，老天一定會幫助我們、也賜給我們力量去完成它！所以，成功的關鍵在於「信心、勇氣、毅力、堅持」，我們不能在失敗、挫折時，將原因歸咎於「命運」，因為，有人說：「命運，是那些懦弱和認命的人發明的啊！」

Motto 成功佳言

只要「有心願、有夢想、有方向、有堅持」，老天一定會幫助我們。

Part 5

小處常改善，
事事才會讚

- 細心是成功的保母，粗心是失敗的良伴
- 勤勉是幸運的右手，節儉是幸運的左手
- 用智慧處理事情，用慈悲對待他人
- 窮中立志，讓自己脫愚又脫貧
- 不做人人瞧不起的人，要做人人羨慕、敬佩的人
- 寬恕與原諒，是千金不換的禮物

小處常改善，大處不會爛

細心是成功的保母，粗心是失敗的良伴

我們必須學習——

「把事情盡可能一次就做好」，

不能拖拉、延宕、甚至做錯。

因為，「拖延一件容易的事，容易就變成困難；

拖延一件困難的事，困難就變成不可能！」

多年前曾有報載，新北市五股國中有六十九位學生申請參加北區五專的「推薦甄試」，但直到筆試的前三、四天，學生一直都還沒收到准考證，弄得每個人都相當緊張。後來家長向校方查詢結果，才發現，承辦人員根本就「忘了」替學生報名。

「天哪，怎麼那麼爛，居然忘了幫我們報名，那……我們怎麼參加考試？……」有些女學生知道消息後，急得哭出來。

後來家長找來立法委員與學校溝通，尋求解決之道；而校長也再三地道歉，表示校方為了怕遭小偷光顧，而把學生的申請文件統統「鎖進鐵櫃」中。可是，這麼一鎖，人就忘記了，直到考試前幾天，才驚然發現此一「烏龍事件」。

也曾有一名家住中和的男子蔡X旺，在凌晨時分，與一中年男人在路旁爭吵，那時，中和分局警員剛好巡邏經過，就趨前了解，並加以調解。

蔡X旺看到警員來了，就硬拉著警員，趕快為他「評評理」——「他欠我錢，欠那麼久了，還賴著不還，有夠不要臉……」

警員了解這兩人是債務糾紛，不是什麼殺人搶劫，就算了，請他們自己和解，不要吵到鄰居安寧。可是，蔡姓男子卻堅持請警方「幫忙」，替他討回公道。

警員在勸和不成之下，只好請雙方返回警局處理；當警員用電腦打出蔡X旺的資料時，赫然發現，他竟是一個有「侵占、詐欺前科的通緝犯」。於是，警員不費吹灰之力，就把蔡X旺「緝捕歸案」。而蔡嫌一臉愕然地說，他一時生氣，與對方辯解、討債，竟「忘了自己是有案在身的通緝犯」，真是懊悔不已！

哎呀，人怎會這麼糊塗、「忘了我是誰」呢？

清楚知道「我是誰」是很重要的！不然，身為通緝犯，還硬拉著警察

Motto
成功佳言

小事要謹慎，
大事不馬虎。

過來「幫幫忙、評評理」，豈不是「自找麻煩、自尋死路」嗎？

而身為學校教育行政人員，更應該清楚「我是誰」？「我的職責是什麼」？誤了自己的考績「事小」，但誤了六十九位學生的一生前途，可就「事大」了。

因此，教育是個「良心」事業，但更需要「細心」呀！

人也是一樣，必須「凡事認真、凡事細心」，因為，「細心是成功的保母，粗心是失敗的良伴」啊！

以前，曾有一位老師告訴我們：「人到了二十五歲、三十歲，都應該知道自己『懂什麼、不懂什麼』；也要知道自己『會什麼、不會什麼』？」

的確，我們都要認清自己的優勢和實力，清楚知道——「我是誰？」「我的才華和優勢是什麼？」

過去，曾有人要推薦我出來選立委，可是，我想了想，也三天睡不著覺，

Motto
成功佳言

清楚知道自己的優勢和才華，
才能迸發出自己最棒的潛力。

因為我不是那塊料啊！我幹嘛去跟人家選舉呢？所以，也就放棄了。清楚了解自己，也朝著自我優勢前進，我們才會有一番作為啊！

成功座右銘

「細粒之沙不能小看，積載過多，亦足以沉船。」

長輩經常告誡我們：「小事不謹慎，大事亦馬虎。」如果我們有小缺點不改善，就像細粒之沙，愈積愈多，也會沉船、誤事啊！所以，人必須做醒、細心，清楚知道自己在做什麼？自己有哪些缺點該改進？未來該往哪個方向努力？俗話說：「小處常改善，大處不會爛」，真是沒錯啊！

「我們既有時間回頭訂正先前做錯的事，為什麼不一次就做好呢？」

我們常聽別人說「我好忙哦！」但，是在忙「做對的事」，還是忙於「更

Motto 成功佳言

小處常改善，大處不會爛。

正做錯的事」？我們會不會先前心不在焉，沒把事情做好、搞砸了，而花更多的時間善後呢？所以，我們必須學習──「把事情盡可能一次就做好」，不能拖拉、延宕、甚至做錯！因為，「拖延一件容易的事，容易就變成困難；拖延一件困難的事，困難就變成不可能！」

「在求職時，人家不是問『你是誰？』而是問『你會做什麼？』」

「我會做什麼？我是不是人才？」這是一件很重要的事。自盤古開天地以來，到處都缺人才，只要我們有專長、是人才，就不用擔心，因為「被需要，就是贏家」。假如我們不是人才，做事糊里糊塗、粗心大意、衝動莽撞，也沒人願意大力推薦，則職場之路就會十分艱辛。所以，要為目標付出「百分百的力量」，也期許自己成為「認真細心的人才」。

Motto
成功佳言

自盤古開天地以來，
都不缺人力，而是缺人才。

工作愈努力，運氣會愈好

勤勉是幸運的右手，節儉是幸運的左手

生命中，有苦難、有譏笑、有打擊、有挫敗……
但我們不能陷入憂傷悲痛中，
我們永遠要「給自己留一個希望」；
因為，即使在最黑暗的夜裡，
我們仍可看見天上閃爍的星星啊！

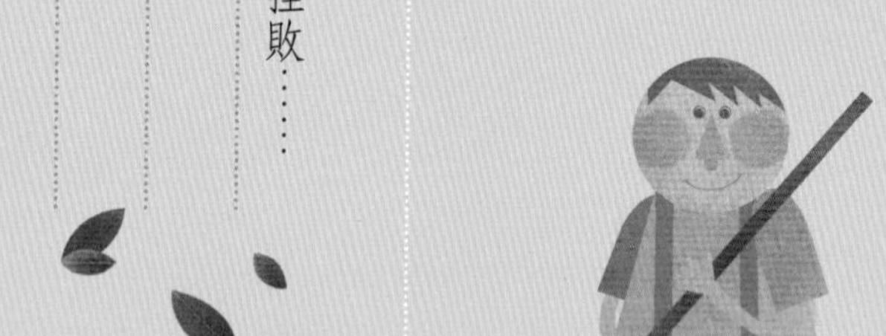

嘉義縣政府表揚炬光殘障人士大會上，曾有一位四十六歲、患有腦性麻痺的母親——邱秀英女士，上台接受熱烈掌聲與喝采。到底這母親有什麼特殊之處呢？

邱女士，從小就是腦性麻痺患者，眼歪、嘴斜、重聽、又口齒不清；她在六歲以前，只能在地上爬行。後來，她雖然勉強學會走路，但神經中樞的失衡，使她很容易跌倒；話說多了，口水還會不由自主地沿著嘴角流出來，所以常遭到兒時玩伴的嘲笑與欺侮。

十八歲時，邱女士透過媒妁之言，嫁給了陸軍上尉韓先生。雖然邱女士腦性麻痺、行動不便，但她仍然充滿母愛、想要養兒育女。

或許老天知道邱女士的一生太過坎坷、辛苦，所以就賜給她寶貝的「二男一女」；而且，這三個孩子都非常爭氣、十分乖巧，因為從小看到媽媽「眼歪嘴斜、重聽、又口齒不清」，就必須更聽媽媽的話，努力唸書，絕不能讓媽媽操心啊！

在不識字的殘障母親悉心照顧下，三個子女都自立自主，兩個兒子更分別考上「陽明醫學院和高雄醫學院」；而長男韓紹禮目前正在桃園醫院擔任復健科醫師。

在表揚典禮上，邱女士是最受矚目的一位，她由兒子韓紹民陪同，一起接受頒獎；面對得來不易的殊榮，邱女士激動得直掉眼淚，韓紹民也在一旁含著眼淚。而另一孝順的女兒韓嘉燕，則乖巧貼心地在家陪伴中風、不便出席表揚大會的老父。

錦旗、獎杯、掌聲、淚水……站在台上的邱女士臉上的淚水不斷，在旁的民眾也深受感動；因為，一個腦性麻痺、走路蹣跚的婦人，竟能服侍中風的年邁丈夫，也散發母愛的光輝、辛苦地拉拔三個子女長大，而且，其中兩個兒子還都是「醫生」，豈不教人感動、敬佩不已？

西洋哲人巴頓（Bruce Barton）曾說：「**偉大的成就，往往源自於微不足道的小事；每念及此，我總認為，世上沒有小事。**」

Motto 成功佳言

無論做什麼事，都要認真去做，因為，認真的人最美麗！

而勵志文粹《谷中清泉》中，有一句話說：**「在大天地裡貢獻最大的，乃是在小天地裡做事盡心盡力的人。」**

的確，或許世上沒有小事；假若，每件微不足道的小事，我們都能盡心盡力地去做，則都可能變成大天地中的「偉大成就」。就像邱女士一樣，她雖然眼歪嘴斜、行動不便，但仍「踏實築基」——對生命認真、對生活負責，也為社會教育出兩個醫生兒子呀！

所以，**「無論做什麼事，都要認真去做，因為，認真的人最美麗！」**

成功座右銘

「勤勉是幸運的右手，節儉是幸運的左手。」（莎士比亞）

有人會埋怨自己運氣不好、凡事不順、有夠倒楣；但想想，比起那些殘障朋友，我們的運氣不是已經夠好了嗎？我們有手有腳、四肢健全，又能

Motto 成功佳言

我們沒有一直哭泣的權利，
我們都要竭盡心力、無怨無悔地付出。

讀書上學、能唱能跳能跑……。或許我們可以自問：「我夠勤勉嗎？我夠努力嗎？」雖然，我也很喜歡有好運氣，但，我也發現——「工作愈努力，運氣會愈好！」

「只有在天空最黑暗的時候，才可以看到天上的星星。」

生命中，有苦難、有譏笑、有打擊、有挫敗……然而，我們必須學習讓自己不再陷入憂傷悲痛中，我們永遠要「給自己留一個希望」。因為，即使在最黑暗的夜裡，我們仍可看見天上閃爍的星星啊！真的，在悲痛中，我們沒有一直哭泣的權利，也沒有等待的空間，我們都要像本文中的邱女士一樣，「竭盡心力、無怨無悔地付出」啊！

「對刻苦成功的人來說，缺陷是一個勝利的榮耀；對自怨自艾的人來說，缺陷是一個不幸的標誌。」

一個最可憐的人，指的不應是他「缺陷的外表」，而是他「貧窮的內

Motto 成功佳言

天空愈是黑暗，星星就會愈明亮。

心」！有些人四肢、五官都正常，但好吃懶做、渾渾噩噩、遊手好閒，這種人豈不是很可悲、很可憐？然而，有些人外表有缺陷，卻勇敢向自己、向命運挑戰；當日子走過，「你看見他的疤痕、看見他的殘缺」，可是，那卻是一個令人終身驕傲的榮耀與印記啊！

Motto
成功佳言
✔

一個最可憐的人，指的不是他「缺陷的外表」，而是他「貧窮的內心」。

生命不在乎長短，而在乎內涵

用智慧處理事情，用慈悲對待他人

我們必須懂得——
「把門打開，也把心打開」；
因為，在成功的路上，
肯定我們的人愈來愈多時，
幸運之神愈會青睞我們啊！

「小朋友，這次考試考得好不好啊？……考一百分啊？哇，太棒了，來，阿伯送你一杯奶茶，恭喜你考一百分，要再加油哦！」

「你呢？哇，你更棒，兩科都一百分！」

阿伯看著小朋友手上的試卷，愉快地說道：「也送你一杯奶茶，再加送漢堡一個，要再加油哦！」

「阿伯」是誰？他是曾任板橋市居仁里里長的柯明輝，他經營早餐漢堡店已經有二十多年了。由於柯明輝從小家貧失學，沒學歷、又沒一技之長，求職常四處碰壁，一度只能在路邊靠「擺攤賣水果」為生。後來，有個客人看柯明輝忠厚老實、又勤快，就介紹他進入一家冰品店工作，大大改善了他的生活。

工作多年之後，柯明輝找到當年幫他介紹工作的恩人，向他致謝，也想到，他必須幫助年輕人認真讀書；於是，他改開早餐店，並貼出海報，告訴小朋友：**「只要考試一百分，考卷拿來看一下，就可以送奶茶一杯；兩科一百分，再送漢堡一個。」**

這個方法真是有效，許多家境清寒或想「免費吃早點」的小朋友，都努力用功讀書，以一百分的考卷，來換取「阿伯的早餐」；甚至也有汐止或其他鄉鎮的小朋友，知道有這種免費吃早點的好事後，特地積了好幾張一百分的考卷，拿來換奶茶、漢堡。而部份小朋友更是相約用功讀書，比賽誰吃到「阿伯」的早餐較多？

柯阿伯二十多年來，基於回饋社區、鼓勵年輕孩子努力向學，已免費送出了無數的奶茶和漢堡。

尤其，每逢考試之後的幾天，「阿伯」更必須準備兩百多杯奶茶和上百個漢堡，讓小朋友高高興興地來「領取獎品」。所以，每當柯明輝走在路上，常聽到小朋友告訴爸媽說：「他就是阿伯啦，是他送我免費奶茶、漢堡，叫我們要用功讀書的啦！」

後來，柯明輝連續兩屆當選里長，他認為這是「福報」，因為，許多小

Motto 成功佳言 ✔

生命不在乎長短，
而在乎內涵。

朋友都是他的「助選員」，義務幫他拉票。

看到這麼溫馨的新聞，真是令人感動！

有人說：**「生命不在乎長短，而在乎內涵。」**

的確，我們實在不知道生命的長短，但我們卻可以讓生命更豐富、更有內涵；就像柯里長一樣，他雖然幼時失學，也曾窮苦潦倒，但是沒關係，因為**「人生是從零開始的」**，只要我們不斷「看重自己」、「再苦，也不放棄自己」，即使擺小攤、賣水果、賣早點，將來還是可以有貢獻社會、造福人群的機會啊！

台語有句俚語：**「一暝全頭路，天光無半步。」**

「暝」是夜晚的意思，「頭路」是指工作；所以這句話是說，有些聰明

Motto
成功佳言
✔

我們要不斷地「看重自己」，「再苦，也不放棄自己」。

的人整晚瞎忙、或滿腦袋想了很多計劃和點子，可是天亮後卻「不知認真行事，未曾努力、實踐」，以致什麼事都做不出來。

可是，柯明輝卻不是這樣的人，他雖走過窮苦，但仍不斷以愛心回饋鄉里、即知即行，二十多年來始終如一；因為——**「做了，人就歡喜；付出，人就快樂！」**

成功座右銘

「用智慧處理事情，用慈悲對待他人。」

一個慈悲為善的人，人格是高尚的，雖然「他的錢袋被倒空，但心卻被填滿了」。所以，當我們不斷以智慧處理事情時，別忘了，也要以慈悲對待周遭的人；因為「付出愛心而不求回報，原來是一種更大的恩寵啊！」而且，「天堂，也將會為慈悲仁心的人開放。」

Motto 成功佳言

做了，人就歡喜；付出，人就快樂！

「別把別人關在門外，也把自己鎖在門內。」

一個懂得「與人交心、讓人掏心」的人，常能贏得友誼；但假如獨來獨往，拒人於千里之外，就會像是把別人關在門外，其實也是把自己鎖在門內啊！所以，一個成功高手必須懂得「把門打開，也把心打開」；我們愈能將心比心、善解人意、幫助別人，就如同文中的柯明輝一樣，人際關係就會愈成功。

「肯定你的人愈多，愈容易受到幸運之神的眷顧。」

其實，成功並不是一個人獨自闖出來的，它必須靠著許多人的幫忙、扶持和指點，才能逐漸邁向成功之境。所以，在成功的路上，人緣、人脈很重要，假如「我們看不順眼的人愈來愈多，則看我們順眼的人就愈來愈少。」相反地，「看我們順眼的人愈來愈多時，則幸運之神愈會青睞我們啊！」

Motto
成功佳言

一個成功高手必須懂得——
「把門打開，也把心打開。」

積沙成塔，滴水穿石

窮中立志，讓自己脫愚又脫貧

我們的鋤頭是全新的嗎？
太新了，不好，因我們未曾挖掘；
我們的鋤頭是生銹的嗎？
多鐵銹，不好，因我們太久沒墾地了。
人的生命鋤頭，須常磨利刀鋒，
才能耕耘出美麗的田園啊！

在空中大學的畢業典禮上，曾有一位年紀七十七歲的老兵耿道斌先生，憑著堅強的意志力，取得第二個學士學位，親自品嚐了「終身學習、美夢可及」的甜美果實，也讓許多比他年輕的空大人敬佩不已。

耿老先生從小就很喜歡唸書，但民國二十六年，當他就讀初中時，爆發日軍侵華戰爭，學校被迫解散，所以他在十五歲那年投筆從戎，二十歲就升為上尉軍官。

抗戰勝利後，原以為可以繼續唸書、教書，但又因國共內戰、國軍撤退台灣，他一直以未能受正規大學教育為憾。耿老先生工作一輩子，退休後，時間較為充裕；七十歲那年，他經推薦進入空大就讀，先是在去年取得「人文學系學位」，而後再接再厲，又獲得「商學系」的學位，也成為畢業典禮上，年齡最長的「雙學位」畢業生。

而畢業典禮上的另一個焦點，則是一位二十九歲的腦性痲痺畢業生黃百成；他坐著輪椅、歪斜著嘴角，戴上方帽子，接受校長陳義揚親自走下台階，為他頒發「學習楷模獎——勤奮勵學」。

黃百成出生之後，即因發高燒不退、罹患腦性麻痺，以致說話不清、行動不便；然而他生性活潑樂觀，喜歡接近人群，也積極參加教會的團契活動，因而結交不少朋友，開啟了他生命中的另一扇明窗，並前往中壢的伊甸文教基金會工作。

黃百成喜歡心理學，因此報考「空大社會科學系」；他也喜歡電腦，而且無師自通，連妹妹也經常要向他求教。如今，黃百成苦學有成，拿了學士學位，也時常獨自操控輪椅外出，以證明他「獨立行動無礙、求學無落人後」。而且，他說：「我還準備要唸碩士呢！」

耿道斌、黃百成，兩人一老一少，雖然生命坎坷的情況不同，但他們卻都從空大一起畢業。每當我看到他們艱苦的奮鬥過程時，心中不禁由衷敬佩。

有人說，**我們要「倒空自己」！為什麼？因為當我們倒空自己時，我**

Motto
成功佳言

要倒空自己，成為空碗，
抓緊機會，虛心地努力學習。

▲▲ 我的「空碗」超大個，可以裝下好多好多讀不完的活書耶。

們心中就有空間再去充電、學習！就像耿道斌、黃百成兩位先生，和無數不斷努力向上的朋友一樣，他們都試著「倒空自己」，並且抓緊機會，虛心地努力學習。

因此，讓我們**「每天都成為一個空碗」**。

因為，空碗，它告訴我們——**「昨天的努力，不代表今日一定有成就；昨天的挫敗，也不代表今日不會成功」**——每天都必須努力學習，將心中的空碗盛滿。

只要我們是「空碗」，就可以裝下更多知識、智慧、經驗、勸誡、甚至是指責。

只要我們是「空碗」，我們的心田就可以無限地擴充！我們的一生，也就會有讀不完的活書——「讀自己、讀別人、讀書本、讀環境、讀人與人……」

Motto
成功佳言
✔

昨天的努力，不代表今日一定有成就；
昨天的挫敗，也不代表今日不會成功。

成功座右銘

「Everything Counts!」（凡事都將計算。）

在一次銷售人員訓練大會上，一名外國超級講師在結語時，再三大聲地說：「Everything Counts! Everything Counts! Everything Counts!」的確，人的一生中，凡走過的，必留下痕跡；凡做過的事，都將計算，而「我們的力氣，也總不會白費」。就像文中的耿道斌和黃百成，倒空自己、不斷勵學，終有所成。所以，「積沙成塔、滴水穿石」，辛苦播種，必歡呼收割。

「且讓我們的鋤頭，常在田野裡挖掘。」

我們的鋤頭是全新的嗎？太新了，不好，因我們未曾挖掘；我們的鋤頭是生銹的嗎？多鐵銹，不好，因我們太久沒墾地了。鋤頭，不是用來觀賞的，而是必須用在田野裡除草、鬆土、挖掘；人的生命鋤頭也是一樣，若

Motto
成功佳言

凡走過的，必留下痕跡；凡做過的事，都將計算，而「我們的力氣，也總不會白費」。

不常磨利刀鋒，耕耘出美麗的田園，則人生有何意義呢？所以，別愁沒有更大的田讓我們去挖掘，因為田就在我們心裡；每個明天，都等待我們用鋤頭，努力用心去開墾！

「脫貧，要先脫愚。」

大部份人都不是一出生就很有錢，但家裡貧窮沒關係，重要的是要知道自己的不足，要先脫去「愚笨的心」。所以，人要窮中立志，讓自己成為「空碗」，不斷地學習，做到像日本的航空公司一樣——「全日空」，整天都是空空的，到處請教別人、吸收別人的智慧與優點；也像海綿一樣，不斷吸收別人的精華，如此，我們必能脫貧啊！

Motto 成功佳言

「積沙成塔、滴水穿石」，辛苦播種，必歡呼收割。

逞一時之勇，會壞了大事

不做人人瞧不起的人，要做人人羨慕、敬佩的人

人，不是聖賢，

總有錯誤、跌倒的時候，

但若能「從跌倒中爬起、從沉淪中奮起」，

豈不令人興奮得淚流滿面？

屏東市有一家名叫「人人書房」的書店，專賣教會文具、書籍與器材。此書店的負責人是「錢興吾」——他，曾是黑社會角頭老大、開過賭場、吸毒、販毒，也四次入獄；但在接受耶穌基督信仰後，才幡然醒悟、遠離罪惡，並以一顆浪子回頭的心，為社區青少年提供一處洗滌心靈的讀書環境，所以開了這家書店。

錢興吾是家中獨子，從小在家人溺愛下，養成驕縱、跋扈的個性，也因時常抽煙、打架、蹺課，而成為「問題學生」。在初中到高中六年期間，他唸了九個學校；高中畢業後，進了陸軍官校，中途即遭勒令退學，從此開始他「混跡江湖」的日子。

錢興吾曾在高雄霸占地盤、代人討賭債，也向妓女戶、茶室等收取保護費。有一次，他在代人討債時，與人起衝突，把對方亂刀砍殺一頓，最後被依殺人未遂罪嫌，判刑十年。

關了兩年半後，錢興吾因減刑加上假釋，提前出獄；可是他好勇鬥狠，也殺過人、入過獄，所以在黑社會中「地位高升」，而成為獨霸一方的角頭

Motto
成功佳言

從跌倒中爬起來的日子，最快樂！

老大。

為了錢，他開始設立賭場、販售毒品，而自己也染上了毒癮。他每天一起床，就馬上找毒品吸食，一天吸食的費用，就將近兩萬元。

錢興吾曾想戒毒，但總戒不掉；相反地，他甚至赴大陸走私毒品到台灣販售。後來，他因吸毒被抓，判刑三年多。

出獄、入獄；再出獄、再入獄，也曾經被關進「綠島監獄」。他，一共吸了二十八年的毒品，也成為一個親戚朋友眼中「無藥可救」、「墮落沉淪」的人。

一九九四年，錢興吾第四次出獄後，被地檢署主任觀護人逼到「晨曦會」戒毒。**在牧師的禱告、及信仰的感化下，他從無可救藥的浪子，成為一名虔誠的基督徒；而他吸了二十八年的毒癮，以及抽煙、嚼檳榔的習慣，也都一併戒除。**

Motto
成功佳言

不要做個人人瞧不起的人，
而是要做個人人羨慕、敬佩的人。

後來，錢興吾立志成為上帝的信徒，他不時前往屏東看守所、屏東監獄及各地國中，告訴受刑人和年輕學子，他如何從過去荒唐的歲月洗心革面，重新「活過來」。而他籌資頂下的「人人書房」，也愈來愈有起色，更不斷擴大經營、嘉惠學子。

曾聽過一句話——**「從跌倒中爬起來的日子，最快樂！」**

的確，人，不是聖賢，總有錯誤、跌倒的時候，但若能「從跌倒中爬起、從沉淪中奮起」，豈不令人興奮得淚流滿面？

事實上，在人生路上，我們都曾跌跌撞撞、或鼻青臉腫，然而，只要我們有顆向上的心，就能使生命「活過來」，而且「活得更耀眼」！因此，我告訴自己——

「我們不要做個人人瞧不起的人，而是要做個人人羨慕、敬佩的人。」

「人，沒有笨的，只有懶的；我，要相信自己，絕不能讓自己失望！」

Motto
成功佳言

人，沒有笨的，只有懶的；
我，要相信自己，絕不能讓自己失望！

成功座右銘

「要趴下，才不會中槍！」

有人血氣方剛、凶狠好鬥，就像本文中的錢與吾，打架、討賭債、殺人……。不過，他真心悔改、全心歸向上主，當我在屏東市「人人書房」與他交談時，我真是訝異，因現在的他是如此的慈祥、和善，講話溫文有禮、十分客氣。真的，「人要趴下，才不會中槍；要謙卑，才會有尊榮。」

「逞一時之勇，會壞了大事！」

「打、衝、殺、幹啦……」匹夫之勇，常是遺憾與後悔的開端。若逞一時之勇、誤了一生，又有什麼用？楊德昌先生在生前，曾經獲得坎城影展的最佳導演獎，記者曾形容楊德昌這個人是──「有勇氣、沒有火氣！」嗯，形容得真好！雖然楊德昌後來曾遇婚變，工作上也有低潮，但他在得獎後，

Motto
成功佳言

「瓜無滾圓，人無十全」，
只要迷途知返、及時回頭，都還來得及。

眼睛笑起來瞇成一條線地說：「有勇氣，就會有希望！」

✔「如果人不會犯錯的話，鉛筆上面也不會有那塊橡皮擦了。」

人都有犯錯的時候，但一時的錯誤不算什麼，只有錯了而不改過，才是一生中最大的錯。所以，「瓜無滾圓，人無十全」，只要迷途知返、及時回頭，都還來得及；只要「把心醫好了」，每個人都還是有救的。雖然跌倒後再站起來的路，可能會崎嶇、不平順，但我們不妨告訴自己——「任何一棟美輪美奐的大廈在完工前，也都是醜陋的！」

原諒別人，就是善待自己

寬恕與原諒，是千金不換的禮物

暴怒，會使「小過變大禍、有理變無理」。
所以，在憤怒時，記得不能動手，
因為一出手，很重，可能會使人掛彩。
爭執時，若能忍氣吞聲，
不回罵最後一句話，就可以結束紛爭。

在「九二一大地震」過後，小坤（化名）的家倒了，不過，他們全家人都幸運地逃過一劫。爸爸、媽媽和三個兄弟，把殘破瓦礫堆中還能用的家當全搬出來，暫時住在帳篷裡，日後再申請組合屋。

為了生活，小坤的爸爸到處打零工賺錢，媽媽則在路邊擺檳榔攤，賺外快貼補家用；而小坤唸國小六年級，兩個哥哥則都在國中唸書。

一天，媽媽的檳榔攤旁停下了一輛卡車，司機和三名工人帶著一些酒走下車買檳榔。媽媽的個性開朗、外向，看到客人來了，就很熱絡地和工人閒聊了起來；大家愈聊愈有趣，工人也請媽媽喝了一點酒，大夥兒有說有笑！

或許是媽媽酒量不好，喝下的酒使她臉變紅了，舉止形色也開始失態，而與司機工人們說笑罵俏……。此時，剛好爸爸下工回來，看到這一幕，氣得渾身發抖，也升起一把無名怒火——「房子都倒了、家也沒了，我辛苦到外頭打零工，而妳，竟然還跟一些不認識的司機、工人打情罵俏？」

爸爸愈想愈氣，回到帳篷裡喝了一瓶酒，也拿起一把菜刀，氣呼呼地疾走到媽媽的檳榔攤，二話不說，瘋狂地往媽媽身上亂砍！

Motto 成功佳言 ✔

原諒別人，就是善待自己。

爸爸歇斯底里地一直砍、一直砍，砍到手痠，身上也濺滿媽媽的鮮血才鬆手；而他的眼神茫然無主，不知道自己在做什麼？後來，鄰居報案，數名警察趕過來，將爸爸銬上手銬，押到警察局。

傍晚，下了課，小坤和兩個哥哥回到家，聽到鄰居說，才知道媽媽竟然被爸爸用菜刀胡亂砍死！天啊，怎麼會這樣，地震時，大家都僥倖逃過一劫，怎麼地震過後，媽媽反而被爸爸砍死？

小坤和兩個哥哥趕到警察局拘留所，一見面，神智清醒過來、全身疲憊且還有酒氣的父親，就「撲通」地跪在三兄弟面前嚎啕大哭：「孩子，爸爸不是故意的，爸爸不是故意要殺媽媽的，你們要原諒我……」

三兄弟第一次看見爸爸向他們跪下，也呆愣著，不知說什麼？只知道，早上上學前，媽媽還好好的，對我們有說有笑，怎麼一放學回家，媽媽就全身刀痕、冰死不動了？

Motto
成功佳言
✔

克服自己的暴怒，
便能克服最強的敵人！

三兄弟冷冷地看著跪在地上的父親，無言、無語……

「真的，爸爸真的不是故意的，你們要原諒我……」爸爸懊悔地對三個孩子哭喊著，可是，三兄弟眼淚直流，說什麼也不原諒砍死媽媽的狠心爸爸，而且，眼睛也不願直視爸爸！最後，三兄弟就木然地走回帳篷的家。

回到家，小坤拿起家庭聯絡簿，此時，他的眼淚更是流個不停；因為，媽媽死了，爸爸被關到警察局，沒有「家長」可以在家庭聯絡簿上簽名了。

當小坤的眼淚滴在家庭聯絡簿上時，他看見老師今天教的一句靜思語：

「原諒別人，就是善待自己。」

「普天三無——天下沒有我不原諒的人、天下沒有我不信任的人、天下沒有我不愛的人！」

小坤看著這些話，流淚靜坐著、想著——「原諒別人，就是善待自己……天下沒有我不原諒的人……」過一會兒，他鼓起勇氣，向兩個哥哥說：「我

▲▲ 憤怒，是極具殺傷力的炮彈，我們不能將它引爆啊！

們已經沒有媽媽了，我們不能再沒有爸爸啊！……我們是不是要原諒爸爸？」

兩個不斷咒罵爸爸的哥哥，聽到小坤這麼一說，也靜了下來。一個星期之後，三兄弟決定到看守所去探望爸爸；多日痛不欲生、自責不已的爸爸，看見三個兒子終於來了，又高興、又悔恨，隔著探監的玻璃，與三個孩子一起痛哭失聲……

成功座右銘

「憤怒，是極具殺傷力的炮彈，但它沒有方向性，常誤中目標，而把事情搞砸。」

一個成功高手，必須懂得隨時「控制情緒」，不能隨意地將憤怒的炮彈引爆，否則，成功的美夢可能因一時的憤怒而搞得一團糟，甚至功虧一簣！

Motto
成功佳言

一個寬宏的人，必定快樂多、煩惱少。

所以，如果我們能學習「克服自己的暴怒」，便能克服最強的敵人！

「不回罵最後一句話，就可結束紛爭。」

知道嗎，暴怒會使「小過變成大禍、有理變成無理」。所以，在憤怒時，記得「不能動手」，因那時是很不理性的，一動手，可能會使人掛彩、流血。同時，爭執時，記得要「緊閉嘴巴」，不能一定要罵贏對方，把他罵到臭頭；只要我們忍氣吞聲，不回罵最後一句話，即可結束爭吵啊！

「寬恕與原諒，是千金不換的禮物。」

人皆有過，但若能「愛在當下」，敞開心胸、原諒他，將使我們的生命更為開闊、坦然！寬恕他人，並不是姑息錯誤和軟弱，而是勇敢地送給對方一個極貴重的禮物；而這個禮物，可以使「在草叢中的荊棘，長出花朵來啊！」所以，一個寬宏的人，必定快樂多、煩惱少。

Motto
成功佳言

暴怒，會使小過變成大禍、有理變成無理。

國家圖書館出版品預行編目資料

成功，就這一句話：讓你逆中求勝的智慧語錄 / 戴晨志著. -- 二版. -- 臺北市：商周出版：家庭傳媒城邦分公司發行, 2022.09
面； 公分. -- (ViewPoint ; 46)
ISBN 978-626-318-398-8(平裝)

1.CST：格言 2.CST：成功法

192.8 111012858

ViewPoint46

成功，就這一句話【暢銷改版】—— 讓你逆中求勝的智慧語錄

作 者／戴晨志
企 畫 選 書／黃靖卉
責 任 編 輯／林淑華、黃靖卉

版 權／吳亭儀、江欣瑜
行 銷 業 務／周佑潔、黃崇華、賴玉嵐
總 編 輯／黃靖卉
總 經 理／彭之琬
事業群總經理／黃淑貞
發 行 人／何飛鵬
法 律 顧 問／元禾法律事務所 王子文律師
出 版／商周出版
台北市104民生東路二段141號9樓
電話：(02) 25007008 傳真：(02)25007759
E-mail：bwp.service@cite.com.tw
發 行／英屬蓋曼群島商家庭傳媒股份有限公司城邦分公司
台北市中山區民生東路二段141號2樓
書虫客服服務專線：02-25007718；25007719
服務時間：週一至週五上午09:30-12:00；下午13:30-17:00
24小時傳真專線：02-25001990；25001991
劃撥帳號：19863813；戶名：書虫股份有限公司
讀者服務信箱：service@readingclub.com.tw
城邦讀書花園 www.cite.com.tw
香港發行所／城邦（香港）出版集團
香港灣仔軒尼詩道235號3樓_ E-mail : hkcite@biznetvigator.com
電話：(852) 25086231 傳真：(852) 25789337
馬新發行所／城邦（馬新）出版集團【Cite (M) Sdn. Bhd. (458372U)】
11, Jalan 30D/146, Desa Tasik, Sungai Besi,
57000 Kuala Lumpur, Malaysia
電話：(603) 90578822 傳真：(603) 90576622

封 面 設 計／行者創意
版 面 設 計／行者創意
內 頁 排 版／劉同和
印 刷／前進彩藝有限公司
經 銷／聯合發行股份有限公司 電話：(02) 29178022 傳真：(02) 29156275

■2011年11月1日初版
■2022年9月1日二版二刷
定價340元

Printed in Taiwan

城邦讀書花園
www.cite.com.tw

 ISBN 978-626-318-398-8

商周出版

廣	告	回	函
北區郵政管理登記證			
北臺字第**000791**號			
郵資已付，免貼郵票			

104　台北市民生東路二段141號2樓

英屬蓋曼群島商家庭傳媒股份有限公司城邦分公司　收

請沿虛線對摺，謝謝！

商周出版

書號：**BU3046X**	書名：成功，就這一句話【暢銷改版】	編碼：

請於此處用膠水黏貼

商周出版

讀者回函卡

感謝您購買我們出版的書籍！請費心填寫此回函卡，我們將不定期寄上城邦集團最新的出版訊息。

不定期好禮相贈！
立即加入：商周出版
Facebook 粉絲團

姓名：________________ 性別：☐男 ☐女

生日：西元________年________月________日

地址：________________

聯絡電話：________________ 傳真：________________

E-mail ：________________

學歷：☐ 1. 小學 ☐ 2. 國中 ☐ 3. 高中 ☐ 4. 大學 ☐ 5. 研究所以上

職業：☐ 1. 學生 ☐ 2. 軍公教 ☐ 3. 服務 ☐ 4. 金融 ☐ 5. 製造 ☐ 6. 資訊
☐ 7. 傳播 ☐ 8. 自由業 ☐ 9. 農漁牧 ☐ 10. 家管 ☐ 11. 退休
☐ 12. 其他________________

您從何種方式得知本書消息？

☐ 1. 書店 ☐ 2. 網路 ☐ 3. 報紙 ☐ 4. 雜誌 ☐ 5. 廣播 ☐ 6. 電視
☐ 7. 親友推薦 ☐ 8. 其他________________

您通常以何種方式購書？

☐ 1. 書店 ☐ 2. 網路 ☐ 3. 傳真訂購 ☐ 4. 郵局劃撥 ☐ 5. 其他______

您喜歡閱讀那些類別的書籍？

☐ 1. 財經商業 ☐ 2. 自然科學 ☐ 3. 歷史 ☐ 4. 法律 ☐ 5. 文學
☐ 6. 休閒旅遊 ☐ 7. 小說 ☐ 8. 人物傳記 ☐ 9. 生活、勵志 ☐ 10. 其他

對我們的建議：________________
____
____

【為提供訂購、行銷、客戶管理或其他合於營業登記項目或章程所定業務之目的，城邦出版人集團（即英屬蓋曼群島商家庭傳媒（股）公司城邦分公司、城邦文化事業（股）公司），於本集團之營運期間及地區內，將以電郵、傳真、電話、簡訊、郵寄或其他公告方式利用您提供之資料（資料類別：C001、C002、C003、C011 等）。利用對象除本集團外，亦可能包括相關服務的協力機構。如您有依個資法第三條或其他需服務之處，得致電本公司客服中心電話 02-25007718 請求協助。相關資料如為非必要項目，不提供亦不影響您的權益。】

1.C001 辨識個人者：如消費者之姓名、地址、電話、電子郵件等資訊。
2.C002 辨識財務者：如信用卡或轉帳帳戶資訊。
3.C003 政府資料中之辨識者：如身分證字號或護照號碼（外國人）。
4.C011 個人描述：如性別、國籍、出生年月日。

請於此處用膠水黏貼